# MMA擂台缠斗基础

陶飞 编著

人民体育出版社

# 作者简介

　　陶飞，云南省昆明市人。1998年毕业于云南师范大学英语专业，后于云南民族大学进修泰国语及法学专业，并获法学学士学位。曾在云南民族大学、云南师范大学、云南经贸外事职业学院教授英语、泰国语及旅游课程。1996年起，在《搏击》杂志发表格斗及泰拳方面的系列文章，成为该刊《泰拳奥秘》专栏撰稿人。1999年担任编导，拍摄了国内首部泰拳教学片。2009年编著《泰拳运动入门》，由人民体育出版社出版发行。

# 前 言

MMA（Mixed Martial Arts）译为混合式格斗，是近年来发展较为迅速的一种对抗性较强的擂台竞技格斗运动。相比其他格斗类比赛，MMA比赛允许不同武术流派、不同技术特长的选手同台竞技，对选手的综合素质要求更高，而比赛所呈现的擂台格斗技术也更为丰富多样，具有更强的观赏性，因而在世界各地都拥有众多的爱好者。

自2009年拙著《泰拳运动入门》出版发行之后，应人民体育出版社孔令良先生之邀，为格斗爱好者编写一部易学易练的MMA基础读物，虽倍感荣幸，但也深知其难度非浅。从理论上来说，只要不违反竞赛规则，几乎任何格斗技术都可以在MMA比赛中使用，然而，把当今所有武术流派的所有格斗技术囊括在一本书中逐一介绍却是难以做到的，因此本书仅介绍MMA比赛中最为基础和常见的格斗技术，旨在抛砖引玉，帮助格斗爱好者踏上MMA运动之路。

为突出MMA概念中的"混合式"这一主题，本书将主要介绍近距离缠斗的基础技术，以及站立技术与地面技术之间融合、过渡和转换的常见方法。考虑到单纯站立状态下的拳、肘、膝、腿、摔等常见技术的基础应用在其他格斗类书籍中多有介绍，本书也就不再赘述。

本书的编写得到人民体育出版社孔令良先生和广州泰拳武术俱乐部总裁刘国其先生的鼓励和支持，广州泰拳武术俱乐部的陈昌杰先生还为本书拍摄了示范图片。正是由于他们的鼓励和帮助，本书的编写工作才得以顺利完成。在此向孔令良先生和刘国其先生、陈昌杰先生表示诚挚的感谢。

在本书的编写过程中，笔者大量参阅了国外MMA专业选手的著作，力求多借鉴一些国际上一流选手的成熟经验。但即便如此，一己之力毕竟有限，书中不足之处在所难免，恳请广大读者和专家批评、指正。

希望本书能够增进读者对MMA运动的了解，同时也祝愿广大MMA爱好者从这项运动中获益。

陶　飞

2016年12月于昆明

# 目 录

第一章 概述 …………………………………………（1）
  第一节 当代 MMA 运动发展概况 ……………………（1）
  第二节 国内外 MMA 赛事简介 ………………………（5）
    一、终级格斗冠军赛 …………………………………（5）
    二、K-O 笼斗赛 ………………………………………（6）
    三、锐武终极格斗联赛 ………………………………（6）

第二章 站立对抗技术 ………………………………（8）
  第一节 警戒势 …………………………………………（9）
    一、站立式警戒势 ……………………………………（9）
    二、半蹲式警戒势 ……………………………………（10）
    三、对抗地面对手时的警戒势 ………………………（11）
  第二节 基础缠抱技术 …………………………………（12）
    一、上体缠抱练习 ……………………………………（13）
    二、上体缠抱的应对方法 ……………………………（15）
    三、颈部缠抱练习 ……………………………………（17）
    四、颈部缠抱的解脱方法 ……………………………（19）
    五、颈部缠抱转为背后缠抱 …………………………（20）

六、肩部缠抱的解脱方法 ……………………………………（23）

## 第三节　缠抱时的攻击技术 ……………………………………（25）

一、头部缠抱时的拳法攻击 ………………………………（25）

二、头部缠抱时的肘法攻击 ………………………………（27）

三、连击拳转为头部缠抱加膝法攻击 ……………………（29）

四、上体缠抱转为头部缠抱加膝法攻击 …………………（31）

五、颈部控制加膝法攻击 …………………………………（34）

六、上体缠抱时的肘法攻击 ………………………………（37）

七、上体缠抱时的膝法攻击 ………………………………（39）

## 第四节　用于进攻的摔法 ………………………………………（42）

一、双腿抱摔 ………………………………………………（42）

二、刺拳配合双腿抱摔 ……………………………………（46）

三、直拳配合双腿抱摔 ……………………………………（48）

四、平勾拳配合双腿抱摔 …………………………………（50）

五、单腿抱摔 ………………………………………………（54）

六、摆拳配合单腿抱摔 ……………………………………（57）

七、直拳加平勾拳配合单腿抱摔 …………………………（59）

## 第五节　用于反击的摔法 ………………………………………（61）

一、双腿抱摔反击刺拳 ……………………………………（62）

二、抱腰摔反击右直拳 ……………………………………（64）

三、双腿抱摔反击左直拳 …………………………………（67）

四、抱腰摔反击扫踢 ………………………………………（70）

五、接腿摔反击扫踢 ………………………………………（73）

## 第六节　缠抱状态下的摔法 ……………………………………（75）

一、抱腰摔 …………………………………………………（76）

二、抱膝摔 …………………………………………（78）

三、头部缠抱转为双腿抱摔 ……………………（80）

四、抱腰摔反击头部缠抱 ………………………（81）

### 第七节 反击摔法的技术 …………………………（84）

一、侧推反击抱腿摔 ……………………………（85）

二、侧推加膝击反击抱腿摔 ……………………（86）

三、展体压反击抱腿摔 …………………………（88）

四、颈部锁绞反击双腿抱摔 ……………………（91）

五、"断头台"反击双腿抱摔 ……………………（93）

六、膝击加上勾拳反击单腿抱摔 ………………（95）

七、颈部锁绞反击单腿抱摔 ……………………（98）

### 第八节 对地面对手的攻击技术 …………………（100）

一、接近地面对手的方法 ………………………（100）

二、面部踩踏 ……………………………………（103）

三、腹部踩踏 ……………………………………（105）

四、腿部扫踢 ……………………………………（106）

五、头部扫踢 ……………………………………（108）

六、下击拳攻击转为侧面压制 …………………（109）

七、下击拳反击锁踝转为地面压制 ……………（111）

## 第三章 地面对抗技术 ……………………………（114）

### 第一节 倒地状态下的防守和反击技术 …………（114）

一、地面防守姿势 ………………………………（115）

二、恢复站立姿势的方法 ………………………（116）

三、起身时躲避扫踢的方法 ……………………（119）

四、地面蹬踢 ……………………………………………（120）
五、地面砸踢 ……………………………………………（122）
六、腿部被控制时的蹬踢反击 …………………………（123）
七、钩腿防守 ……………………………………………（125）
八、从钩腿防守恢复站立姿势的方法 …………………（126）
九、钩腿防守时的蹬踢反击 ……………………………（129）
十、钩腿防守转为地面上位的方法 ……………………（130）
十一、钩腿防守转为地面缠抱防守 ……………………（132）
十二、钩腿防守转为绊腿摔 ……………………………（134）

## 第二节 地面缠抱上位的对抗技术 ………………（136）
一、地面缠抱上位的防守姿势 …………………………（137）
二、地面缠抱上位状态下的平勾拳连续攻击 …………（138）
三、地面缠抱上位状态下的上勾拳攻击 ………………（140）
四、解除腿部缠抱转为拳法攻击 ………………………（141）
五、解除腿部阻挡转为拳法攻击 ………………………（143）
六、地面缠抱上位状态下的肘法攻击 …………………（145）
七、砸拳转肘法的组合攻击 ……………………………（147）
八、砸肘转直拳的组合攻击 ……………………………（149）
九、摆拳佯攻转为砸肘攻击 ……………………………（150）
十、"断头台"的解脱方法 ………………………………（151）
十一、"蝴蝶防守"的解脱方法 …………………………（153）
十二、解脱"蝴蝶防守"转为侧面压制 …………………（156）

## 第三节 地面缠抱下位的对抗技术 ………………（160）
一、缠抱防守 ……………………………………………（160）

二、从缠抱防守恢复站立姿势的方法 …………………… (162)

三、腿部摆动解除正面压制的方法 …………………… (164)

四、坐式缠抱防守 ……………………………………… (166)

五、坐式缠抱防守转为骑乘姿势的方法 ………………… (170)

六、从"蝴蝶防守"解除正面压制的方法 ……………… (171)

七、从"蝴蝶防守"恢复站立姿势的方法 ……………… (173)

八、从"蝴蝶防守"转为侧面压制的方法 ……………… (175)

九、格挡拳法攻击转为贴身缠抱防守 …………………… (177)

十、格挡拳法攻击转为"蜘蛛防守" …………………… (179)

十一、缠抱防守时的肘法反击 …………………………… (180)

十二、坐式缠抱防守时的反向锁臂 ……………………… (182)

十三、坐式缠抱防守时的十字固 ………………………… (184)

十四、从贴身缠抱防守实施十字固 ……………………… (186)

十五、坐式缠抱防守时的三角缄 ………………………… (189)

十六、从"蜘蛛防守"实施三角缄 ……………………… (191)

十七、从"蜘蛛防守"实施三角绞 ……………………… (194)

十八、十字固转为三角绞的方法 ………………………… (197)

十九、坐式缠抱防守时的"断头台" …………………… (201)

二十、坐式缠抱防守转为背后缠抱的方法 ……………… (202)

**第四节 半缠抱防守状态下的对抗技术** …………………… (206)

一、半缠抱上位状态下的肘法攻击 ……………………… (207)

二、半缠抱上位转为骑乘姿势的方法 …………………… (208)

三、半缠抱上位转为侧面压制的方法 …………………… (211)

四、半缠抱防守转为背后缠抱的方法 …………………… (213)

五、半缠抱防守转为侧面压制的方法 …………………………………（216）

## 第五节　侧面压制状态下的对抗技术 ………………………（219）

　　一、侧面压制状态下的拳法攻击 …………………………………………（220）
　　二、侧面压制状态下的肘法攻击 …………………………………………（223）
　　三、侧面压制状态下对头部的膝法攻击 …………………………………（225）
　　四、侧面压制状态下对上体的膝法攻击 …………………………………（228）
　　五、侧面压制时的反向锁臂 ………………………………………………（229）
　　六、侧面压制时的正向锁臂 ………………………………………………（233）
　　七、侧面压制转为骑乘姿势的方法 ………………………………………（236）
　　八、侧面压制转为跪式骑乘的方法 ………………………………………（239）
　　九、侧面压制下位转为缠抱防守的方法 …………………………………（241）
　　十、从侧面压制下位恢复站立姿势的方法 ………………………………（244）

## 第六节　骑乘状态下的对抗技术 ……………………………（246）

　　一、解除颈部缠抱转为肘法攻击 …………………………………………（248）
　　二、解除上体缠抱转为肘法攻击 …………………………………………（251）
　　三、骑乘状态下的拳肘组合攻击 …………………………………………（253）
　　四、拳法攻击转为十字固 …………………………………………………（256）
　　五、拳法攻击转为正向锁臂 ………………………………………………（259）
　　六、拳法攻击转为肩固 ……………………………………………………（262）
　　七、骑乘状态下的三角绞 …………………………………………………（265）
　　八、骑乘姿势转为背后缠抱的方法 ………………………………………（268）
　　九、骑乘下位防守拳法攻击的方法 ………………………………………（270）
　　十、骑乘下位转为地面上位的方法 ………………………………………（272）
　　十一、骑乘下位解脱压制的方法 …………………………………………（274）

## 第七节 "龟式缠抱"和"龟式防守"状态下的对抗技术 ……………………………………………………………（278）

  一、"龟式缠抱"状态下的膝法攻击 ……………（279）

  二、"龟式缠抱"转为背后裸绞的方法 …………（281）

  三、"龟式缠抱"转为背后缠抱加拳法攻击 ……（284）

  四、从"龟式防守"恢复站立姿势的方法 ………（287）

  五、从"龟式防守"解脱缠抱的方法 ……………（289）

## 第八节 背后缠抱状态下的对抗技术 ………………（292）

  一、背后缠抱状态下的裸绞 ………………………（294）

  二、背后缠抱状态下的三角绞 ……………………（295）

  三、背后缠抱状态下的十字固 ……………………（299）

  四、背后裸绞的解脱方法 …………………………（302）

  五、背后缠抱转为骑乘姿势的方法 ………………（308）

## 附录 MMA 统一规则及其他重要规定 …………（312）

# 第一章 概 述

"MMA"是英文"Mixed Martial Arts"的简称,中文译为"混合式武术"或"混合式格斗",也被称为"综合格斗""综合搏击"等,是一种对抗性较强的擂台竞技格斗运动。参赛者不限所习练的武术流派,遵循赛事主办方制订的统一规则进行比赛,可以在规则允许的范围内使用包括中国武术、泰拳、柔术、柔道、摔跤、空手道、跆拳道、拳击在内的各种格斗技术。

## 第一节 当代 MMA 运动发展概况

武术起源于人类的生产和生活,并且随着人类社会的发展而不断发展和演变。武术产生之初,其主要用途是抵御野兽和敌人的袭击。随着人类社会的演变和发展,经过不断实践,一些有效的格斗技术得到整理和保留,逐渐形成了当今各种名称的武术和流派。

武术是一种需要刻苦训练的、实践性较强的运动。在不同历史文化背景和不同指导思想下产生的武术,技术方面各有侧重,表现风格也有所差异。仅仅在中国,武术的门类就已经相当复杂,所呈现的技术风格也千差万别。而中国之外的各种格斗体系中,拳击专攻拳法,巴西柔术以降服技术见长,柔道以投摔技术和地面上位技术闻名,摔跤精于缠抱和压制,跆拳道擅长腿法，而泰拳则以犀利的肘、膝技术和腿法倍受瞩目。这种不同种类武术之间的差异激发了人们对武术进行更深入研究的热情，也引发了一个被人们广泛讨论的话题。

比赛是在实践中检验训练成果和交流经验的途径。面对各种风格迥异的武术，人们一直在探讨：不同武术流派、不同技术特长的武者同台竞技，结果会怎样？为了探求答案，不同武术流派的习练者之间不断地进行着切磋和交流。

在古代，不同武术流派之间的比武交流，除了某些较危险的、违反道德的技术之外，比武者可以最大限度地发挥自己的技术风格和特长，因而可以说，当代MMA运动的实质，其实在古代比武中就已经存在了。或者说，古代的那些比武活动本身就是MMA比赛。

在当代，格斗选手在擂台上采用的技术范围，本质上是由比赛规则决定的。为了确保公平和参赛者的安全，各种对抗性武术比赛都会制定相应的竞赛规则。散手、泰拳、柔道、拳击、摔跤等都有各自的竞赛规则。然而，这些竞赛规则都有较强的针对性，而针对某一种特定武术而制定的竞赛规则，往往会限制或者禁止某些格斗技术的使用。例如散手、泰拳和拳击等比赛要求参赛者佩戴拳套，并且不允许攻击倒地的对手，而现代柔道和摔跤比赛则不允许使用击打技术。在跨流派的比赛中，如果参赛者的技术特长恰好在规则限制或者禁止的范围内，那么其竞技能力就不能得到最大限度的发挥，比赛的公平性也就不能得到最大程度的体现。即便某些参赛者愿意在技术特长受到限制的情况下进行比赛，比赛结果也往往备受争议。因而在相当长的一段时期，竞赛规则本身的这种局限性，一直都是不同种类武术习练者之间进行公平竞技的主要障碍。

不断探索和实践是人类的本能。人们的努力在20世纪末终于获得了重要的进展。

1993年11月12日，在美国科罗拉多州丹佛市举行了首届"终极格斗冠军赛"（The Ultimate Fighting Championship, UFC）。比赛在八边形围笼式拳台中进行,采用淘汰制,不分体重级别,不分比赛回合。比赛以"无规则、不计分、不计时"作为宣传口号,但不允许攻击裆部,也不允许戳眼睛,不允许牙咬。

当晚参加比赛的8名选手分别来自美国、巴西等地,所习练的武术类型各不相同。经过数轮淘汰赛,来自巴西里约热内卢、时年26岁的柔术冠军霍伊斯·格雷西(Royce Gracie)赢得了最终胜利,并获得了5万美元的奖金(图1-1)。

图1-1

当晚的比赛获得了电视转播,之后被制作成录像公开发行,于是这种现代格斗比赛形式迅速地传播到了世界各地。

最初,这类让不同武术流派的选手同台竞技的格斗比赛并没有统一的称谓,人们只是从表象描述的角度称其为"无限制格斗"(No Holds Barred)或"全接触式格斗"(Full Contact Fighting,或Full Contact Combat)等。而"MMA"这一术语,据说是由曾经获得1984年奥运会古典式摔跤冠军的杰夫·布拉特尼克(Jeff Blatnick)提出的。

杰夫·布拉特尼克曾经担任第4届至第32届"终级格斗冠军赛"的解说及评论员。在解说中,杰夫·布拉特尼克感到人们此前使用的各种称谓并不能准确地体现这类格斗比赛的内涵，于是首先使用了"MMA"的提法来称呼这类比赛。

随着"终级格斗冠军赛"及其他同类赛事的推广和发展，"MMA"的称谓得到了大众的认可，并成为描述这类格斗比赛的通用词汇，而"终级格斗冠军赛"则被视为当代 MMA 运动兴起的开端。

当代 MMA 运动在美国兴起之始，为了最大限度地贴近现实生活中的格斗，相关赛事并不区分体重级别，不分比赛回合，也未对选手使用的技术进行太多的限制，甚至也不要求选手佩戴拳套。这样激烈的比赛形式引起了部分观众的反感。来自亚利桑那州的参议员约翰·麦凯恩（John McCain，曾参加 2008 年美国总统竞选）观看了"终级格斗冠军赛"录像后，就曾称之为"人体斗鸡"，并致信给美国各州州长，提议禁止该项赛事。

为了保护选手，让比赛更为人性化，更容易被大众接受，同时也为了适应法律规定，"终级格斗冠军赛"主办方委派杰夫·布拉特尼克等人创编了竞赛规则，并逐步将一些限制性的规定应用于比赛中。

2000 年 4 月，加利佛尼亚州体育委员会投票认可了一系列 MMA 比赛规则。同年 9 月，新泽西州体育管理委员会开始采用该规则，允许推广人在新泽西境内举办 MMA 赛事。

2001 年 4 月，新泽西州体育管理委员会举行了会议，就 MMA 赛事的规则进行了讨论。最终，与会各方就一系列 MMA 赛事规则达成了共识。这次会议上通过的规则，此后便成为北美地区职业 MMA 赛事的事实上的标准规则。

2009 年 7 月，在拳击委员会协会（Association of Boxing Commissions，简称 ABC）年度会议上，"MMA 统一规则"（Unified Rules of Mixed Martial Arts）的提案获得了一致通过。

MMA 统一规则的确立，标志着 MMA 正式成为一项正规的、为大众所接受的体育运动，客观上对 MMA 运动的继续存在和蓬勃发展起到了重要的保障作用。

自首届"终极格斗冠军赛"举办以来,世界范围内相继出现了各种名称的 MMA 赛事。经过数年的发展,MMA 已经成为一种较为成熟的体育运动,在北美、欧洲、亚洲、澳洲均拥有众多爱好者。各类 MMA 赛事吸引着越来越多的观众,举办规模也日趋扩大。

作为一种体育赛事,MMA 兴起于美国,但 MMA 的核心竞赛概念却早在华人武术家李小龙的武术理论中就已经出现。李小龙所提倡的摒弃门派之见、广泛吸纳各种实用技术的武术思想,在当代 MMA 运动中得到了极大程度的体现。"终极格斗冠军赛"主席达纳·怀特(Dana White)也曾在纪录片《李小龙怎样改变了世界》(How Bruce Lee Changed The World)中称李小龙为"MMA 之父"。

在中国,MMA 运动也已经开展数年,广州泰拳武术俱乐部、上海锐武公司等多家机构已经数次举办过 MMA 赛事,爱好者群体日益壮大。随着 MMA 运动的蓬勃发展,这项运动很有希望成为擂台格斗运动的主流,为中外武术的交流提供更广阔的平台。

## 第二节　国内外 MMA 赛事简介

### 一、终级格斗冠军赛

作为当代 MMA 运动兴起的开端,自 1993 年首次举办以来,"终级格斗冠军赛"一直都是最重要的 MMA 赛事。

"终级格斗冠军赛"目前由祖发有限责任公司(Zuffa,LLC)运营。该机构总部位于拉斯维加斯,并在伦敦、多伦多和北京设有办事处。

"终级格斗冠军赛"每年举办超过 20 次比赛,均采用"MMA 统一规则"。赛事不仅在美国,也会在其他国家和地区举办,因而也汇聚了世界上名列前茅的诸多优秀选手。

2011年,"终极格斗冠军赛"主办方同福克斯体育媒体集团(FOX Sports Media Group)达成了长达7年的转播协议,由此成为广受关注的主流赛事。

## 二、K-O笼斗赛

"K-O笼斗赛"是由广州泰拳武术俱乐部主办的MMA赛事。该赛事提倡"公平、公正、公开",参赛选手可以使用拳、肘、膝、腿、摔、缠、锁、绞以及擒拿、反关节等技术进行对抗,比赛结果以击倒、弃权、平局三种方式判定胜负。

"K-O笼斗赛"允许来自拳击、散打、泰拳、跆拳道、柔道、摔跤等项目的选手参加比赛,让中国传统武术高手能在平等、公开的环境下与国外选手同台竞技,借此弘扬中华武术,振兴民族精神。

2008年,"K-O"成为受法律保护的注册商标,而"K-O笼斗赛"也成为拥有中国自主知识产权的品牌赛事。

## 三、锐武终极格斗联赛

"锐武终极格斗联赛"是由加拿大商人乔瑞克(Joel Resnick)和素瑞斯奇(Saul Rajsky)共同创立的MMA赛事,目前由国家体育总局武术运动管理中心与锐武公司联合主办。其推广机构锐武公司总部位于上海,是得到中国大陆相关部门认可的MMA推广机构。

首届"锐武终极格斗联赛"于2011年8月27在上海旗忠森林体育城网球中心举行。2013年2月2日,"锐武百万争霸赛"在内蒙古呼和浩特举行,比赛决出了57公斤级、61公斤级、66公斤级、70公斤级、93公斤级共5个级别的全国冠军,对MMA运动在国内的推广和发展起到了积极的作用。

"锐武终极格斗联赛"允许来自世界各地的选手参加比赛（外籍参赛选手需持有中国工作许可证），所用规则以"MMA统一规则"为核心。主办方定期从北美邀请获得 C.O.M.M.A.N.D.（Certification of Officials for Mixed Martial Arts National Development，即"MMA国家推广裁判证书"）认证的裁判担任裁判员，以确保赛事在公正性和选手的安全等方面达到较高的水准。

# 第二章　站立对抗技术

　　作为一种擂台竞技格斗运动，MMA比赛的初衷是让不同武术流派、具备不同技术风格和特长的选手公平竞技，因而从原则上来说，只要不违反比赛规则，不违背体育精神和道德，任何格斗技术都可以使用。

　　随着各类MMA赛事的发展，参赛选手的技术水平也在不断提高。在不断地实践中，人们深刻地体会到，要想在MMA比赛中获取优势，仅凭借单一风格的格斗技术是远远不够的。除了自己的特长技术之外，选手还需要了解和学习对手擅长的技术，这样才能充实自己的技术体系，为面对不同技术风格的对手做好准备。因此，"技术全面"是对MMA选手的最基本要求。然而，要想把现存所有武术流派的所有格斗技术囊括在一本书中逐一介绍基本上是做不到的，因此本书仅介绍MMA比赛中最为基础和常见的擂台技术，旨在抛砖引玉，帮助初学格斗者踏上MMA运动之路。而对于站立姿势下的拳、肘、膝、腿、摔等常见技术的基础应用，由于其他格斗类书籍中多有介绍，本章也就不再赘述。

　　值得一提的是，尽管我们可以不断地学习各种不同的格斗技术，但更重要的是通过刻苦的练习，把不同类型的格斗技术融合在一起，形成适合自己的技术体系，这样才能在MMA比赛中从容应对瞬息多变的场上形势。

# 第一节　警戒势

格斗通常是以警戒姿势开始的。由于指导思想的差异，不同的武术流派对于警戒势有不同的要求，有的警戒势有利于发挥击打技术，而有的警戒势则是为了摔倒对手做准备。在 MMA 擂台上，警戒势也并非一成不变。面对擅长击打技术的对手和面对擅长摔法的对手，所需要的技术自然是不同的。有利于发挥技术特长，并能够适应比赛形势变化的警戒势，才是 MMA 擂台上理想的警戒势。

许多 MMA 选手习惯于把协调性最好、力量最强的一侧作为后侧。如果习惯使用右手和右腿，他们就采用左前式警戒势，为右手和右腿提供更大的空间，从而使攻击力量最大化。而有的选手则喜欢把较为灵活的一侧作为前侧。如果右手较为灵活，他们会采用右前式警戒势，以便实施抓、拿、扭、摔等技术。作为 MMA 选手，应该尽可能地做到左右开弓，熟练地应用左前势和右前势发动攻击，令对手防不胜防。

通常而言，MMA 比赛中常见的警戒势可以划分为以下几种类型。

## 一、站立式警戒势

多数格斗比赛都是从站立姿势开始的，所以站立式警戒势是 MMA 选手必须掌握的基本技术。

以左前势为例，两脚分开站立，然后左脚按照平时走路的习惯向前踏出一步，使两脚横向距离大致与肩部同宽，左脚与正前方呈大致 30°夹角，左膝关节略微弯曲内扣，右膝关节略微向外侧自然弯曲。髋部和躯干沿顺时针方向侧转，使左肩朝向前方。两手抬至面部高度，略微收下颌，左手在前警戒，右手保护下颌部位。肘关节自然内收，保护肋部

（图 2-1、图 2-1 附图）。

图 2-1

图 2-1 附图

MMA 比赛过程中的不确定性，使得选手很难做到始终保持完美的警戒势，但有几个原则必须始终遵守：两脚横向距离大致与肩部同宽，避免两腿交叉，膝关节略微弯曲，双手保持抬起，并始终保持身体的平衡，保持放松。

## 二、半蹲式警戒势

在 MMA 比赛中，如果打算摔倒对手，或者需要对付对手的摔法进攻，我们就可以考虑采用半蹲式的警戒势。

在站立式警戒势的基础上，只需要进一步弯曲膝关节，垂直下蹲，降低重心，就可以形成半蹲式警戒势（图 2-2、图 2-2 附图）。

图 2-2　　　　　　　　　　　　图 2-2 附图

需要注意的是，头部和腿胫应该大致在一条垂直线上，上体避免过度前倾，否则不仅会妨碍做动作，而且头部也容易遭到对手攻击。虽然处于半蹲的姿势，但也要保持身体的平衡和灵活性以便发动进攻，并随时准备恢复为站立姿势。

在某些情况下，半蹲式警戒势可以用作佯攻的手段，使对手误以为我方要实施摔法，而当对手降低重心准备应对可能的摔法时，我们则立即恢复站立姿势，用拳法或者腿法等技术发动攻击。当然，只要经过刻苦的练习，我们也可以直接在半蹲的姿势下出其不意地实施攻击。

### 三、对抗地面对手时的警戒势

与其他许多格斗类比赛不同的是，MMA 比赛允许站立的一方攻击倒地的对手。虽然站立的一方相对来说有更多选择，但倒地的一方仍然有可能对站立的一方构成威胁。因此，向地面对手发动攻击时，我们也应该采取适当的警戒姿势。

以左前势为例，左脚朝向对手，左膝关节弯曲并适当绷紧，这样可以防止被对手蹬踢膝关节时造成反关节损伤。上体和头部略微后倾，防止被对手踢中面部。伸展左臂，左手掌外翻，以便格挡，也便于抓握对手腿部实施控制技术（图 2-3、图 2-3 附图）。

图 2-3

图 2-3 附图

## 第二节　基础缠抱技术

在不违背体育精神和道德的前提下，MMA 比赛规则并不限制参赛选手的技术风格或者特长，所以参赛选手可以选择自始至终都仅使用拳、肘、膝、腿等击打技术，与对手保持一定距离进行对抗。但是在 MMA 比赛过程中，场上形势的变化是无从预料的，何况 MMA 擂台上向来不乏善于贴身缠斗的选手，因此，为了在对抗中尽可能地获取优势，我们有必要掌握常见的缠抱技术。

缠抱技术具有进攻和防守的双重特性。一方面，我们可以通过缠抱技术来寻求机会打击对手或者摔倒对手。而另一方面，我们也可以把缠抱技术作为阻碍对手攻击并伺机反击的手段。

在双方贴身缠抱的情况下，太过放松的身体显然不能抵挡住对手的缠抱，而如果身体过度紧张导致僵硬，则又不利于随机应变。所以，要想在缠抱的状态下与对手抗衡，我们必须勤于练习，使身体各部位做到张驰有度，这样才有可能在 MMA 擂台上实现战术目的。

## 一、上体缠抱练习

上体缠抱是 MMA 擂台上较为常见的缠抱动作。经历过摔跤或者柔术之类训练的选手善于通过缠抱寻求机会，用两臂抱住对手上体实施摔法。上体缠抱练习的目的，便是锻炼用两手穿过对手腋下抱住对手，从而获取内围优势的能力。

① 开始练习时，双方不分进攻方或防守方，采取对等姿势，用左手从对手（着深色服装者）腋下抱住对手（图 2-4、图 2-4 附图）。

图 2-4

图 2-4 附图

② 展开右手掌，伸进我方胸部与对手左臂之间的空隙，用力从对手肘弯处把对手左臂撑开（图2-5）。

图2-5

③ 右手继续向前伸到对手背后抱住对手（图2-6）；与此同时，对手也用同样方法抱住我方，这样一来，双方都从一开始的左手缠抱转为右手缠抱。

图2-6

完成右手的缠抱动作之后,即可参照先前右手的动作,用左手把对手右臂撑开,重新转为左手缠抱,恢复初始姿势。

## 二、上体缠抱的应对方法

如果对手两臂从我腋下抱住我上体,那么很可能随即把我抬起来摔向地面。要想避免对手得逞,我可以采取以下方法来应对。

① 开始练习时,先让对手用两臂从腋下抱住我上体(图2-7)。

图2-7

② 当对手抱住我上体时,我迅速用两手把对手头部向后推开,阻止对手继续发力(图2-8)。

图2-8

③ 对手头部被推开以后，我低头顶住对手头部，同时髋部向后缩，降低重心，用右手把对手髋部向后推开，迫使对手松开两臂（图2-9）。

图 2-9

④ 左手穿过对手腋下抱住对手，恢复到双方相互缠抱的均等对抗姿势（图2-10）。

图 2-10

## 三、颈部缠抱练习

颈部缠抱是接受过泰拳训练的选手擅长的技术。这类选手如果找到机会抱住对手头部或者颈部，随即便会用膝法攻击对手。而颈部缠抱练习的目的，便是锻炼用两手撑开对手两臂之间的空隙并抱住对手颈部，从而夺取内围主动权的能力。

① 开始练习时，先让对手用两手抱住我颈部（图 2-11）。

图 2-11

② 右手撑开对手两臂之间的空隙，伸向其颈部后侧（图 2-12）。

图 2-12

③ 左手也穿过对手两臂之间的空隙，伸向其颈部后侧（图 2-13、图 2-14）。

图 2-13

图 2-14

④ 两手到达位置后，抱住对手后颈用力往回拉，夺回内围主动权（图 2-15）。

图 2-15

## 四、颈部缠抱的解脱方法

如果被对手抱住颈部或者头部，而我们又不打算与其进行内围对抗，那么可以通过以下方法来摆脱对手的缠抱。

① 当对手（没穿上衣者）抱住我们头部或者颈部并向下拽时，我方（穿深色上衣者）迅速把左臂抬到对手肩部高度，并用左前臂横向抵住对手面部，使其头部向左扭转（图2-16）。这样可以干扰对手的缠抱动作，并使自己与对手身体之间形成一定间隔，便于实施下一个动作。

图 2-16

图 2-17

② 右手穿过对手两臂之间的空隙，用右手掌撑住左前臂。两臂同时用力伸直向前推，使对手头部向后仰，迫使对手松手（图2-17）。

③ 对手松开两手以后，可以继续撑住对手肩部，防止其再度缠抱我颈部或者头部（图 2-18）。

图 2-18

④ 解除对手的缠抱之后，我即可恢复站立式警戒势（图 2-19）。

图 2-19

## 五、颈部缠抱转为背后缠抱

在双方体力相当的情况下，要想在颈部缠抱中获取明显优势是很不容易的。这时，我们可以转换策略，从颈部缠抱的僵持状态下解脱出来，并绕到对手身后用其他技术控制对手。

① 以双方相互缠抱颈部的姿势开始，我方（穿深色上衣者）可以先放低右手，准备解脱对手的缠抱（图2-20、图2-21）。

图2-20

图2-21

② 弯曲右臂，抵住对手左臂肘关节，用力把对手左臂向上顶开（图2-22、图2-23）。

图2-22

图2-23

③ 顶开对手左臂以后，左手把对手头部往逆时针方向拉，准备绕到对手身后（图2-24）。

图 2-24

④ 左手继续控制住对手头部，右脚踏向对手身后，右臂从对手身后抱住对手（图2-25、图2-26）。

图 2-25

图 2-26

⑤ 左手转移到对手身体下方，配合右臂缠抱对手，同时利用体重把对手向下压（图2-27）。完成这个步骤，就可以准备运用背后控制技术了。

图 2-27

## 六、肩部缠抱的解脱方法

在MMA擂台上，缠抱技术的表现形式多种多样。在近距离对抗中，有时候对手会用手臂钩住我某一侧的肩部或者上臂，试图阻碍我的进攻或者防守动作。遇到这种情况，可以采用以下方法来解脱。

① 当对手用左臂钩住我（没有穿上衣者）右侧肩部或者上臂时，我可以用左手撑住对手右肩（图2-28、图2-28附图）。

图 2-28

图 2-28 附图

② 伸展右臂,把右臂抬到对手左侧肩部和颈部之间的位置(图2-29、图2-29附图)。

图 2-29

图 2-29 附图

③ 放松右臂并迅速回抽,恢复到站立式警戒势(图2-30、图2-30附图)。

图 2-30

图 2-30 附图

## 第三节　缠抱时的攻击技术

为了在 MMA 擂台上争取主动权，我们需要不断地充实自己的技术体系，让自己在比赛的各个环节都能最大限度地发挥优势。因而不论是否偏好在缠抱状态下进行对抗，我们都应该学习和掌握相应的攻击技术。

### 一、头部缠抱时的拳法攻击

在近距离对抗的过程中，一些选手会瞄准时机，用一只手搂住对手头部或者颈部后侧，另一只手用勾拳打击对手面部。"终级格斗冠军赛"名人堂成员兰迪·考图尔（Randy Couture）便是运用这种方法的好手。运用这种技术的同时，也应该留意对手的动作，因为对手这时也有机会用同样的方法攻击我。

① 以双方相互缠抱的姿势开始，当我（没有穿上衣者）用左手搂住对手头部或者颈部后侧的时候，立即弯曲右臂，准备用上勾拳进行攻击（图 2-31）。

图 2-31

② 左手把对手头部向下拽,右手穿过对手内围,用上勾拳打击对手下颌(图 2-32)。

图 2-32

③ 实施上勾拳后,收回右手,准备继续攻击对手(图 2-33)。

图 2-33

④ 左手继续搂住对手头部或者颈部，右手从对手外侧用平勾拳打击对手头部（图2-34）。

图 2-34

## 二、头部缠抱时的肘法攻击

缠抱住对手头部时，不仅可以用拳打击对手，如果有条件的话，还可以用肘进行攻击。

① 以缠抱对手头部的姿势开始，控制住对手头部以后，一旦有条件，立即腾出右手，做好肘击的准备（图2-35）。

图 2-35

② 左手搂住对手头部往回拉，同时转动右肩，用右肘打击对手头部左侧（图2-36）。

图 2-36

③ 完成攻击动作以后，立即恢复缠抱对手头部的姿势，防止对手挣脱（图2-37）。

图 2-37

## 三、连击拳转为头部缠抱加膝法攻击

在近距离对抗时,如果抓住机会向对手面部发动连续的拳法攻击,那么对手往往只得抬起两臂保护面部,难于出手还击。在这种情况下,我们可以趁势搂抱住对手头部或者颈部,用膝法实施进一步攻击。

① 以左前势为例,在近距离对抗的状态下,可以先用左刺拳加右直拳的组合方式攻击对手面部,使对手把注意力集中到防守正前方的攻击上(图 2-38、图 2-39)。

图 2-38

图 2-39

② 对手注意力被吸引到正前方以后，我们可以出其不意地用左平勾拳继续攻击对手头部，使对手的注意力完全放在防守拳法攻击上（图2-40）。

图 2-40

③ 左手完成攻击后不需收回，而是直接搂住对手头部后侧，右手随即也伸到对手头部，并且抱住左手（图2-41）。

图 2-41

④ 两手肘部同时收紧，抱住对手头部向下拽，同时提起右膝攻击对手面部（图 2-42）。

图 2-42

## 四、上体缠抱转为头部缠抱加膝法攻击

在双方相互缠抱对方上体的状态下，为了获取内围优势实施抱摔技术，对手往往会忽略对头部的防护，这就让我们有机会抱住对手的头部进行膝法攻击。

① 以双方相互缠抱对方上体的姿势开始，我用右手穿过对手腋下抱住对手上体，而对手试图用左手撑开我右臂肘弯夺取内围优势（图 2-43、图 2-44）。

图 2-43

图 2-44

② 当对手的注意力集中在撑开我右臂的时候,我趁机用左手搂住对手头部后侧(图2-45)。

图 2-45

③ 左手就位的同时，右手也立即伸向对手头部，并抱紧左手（图2-46）。需要注意的是，两臂肘部应该迅速收紧，并且相互靠拢，这样能够防止对手挣脱。

图 2-46

④ 两手抱住对手头部向下拽，同时右脚后撤一步，准备用膝攻击对手（图2-47）。

图 2-47

⑤ 髋部向前挺,提起右膝攻击对手面部(图2-48)。

图 2-48

## 五、颈部控制加膝法攻击

从正面锁住对手颈部是一项极具控制效果的技术,对手在这种情况下很难挣脱,这就为我实施膝法创造了极佳的条件。

① 以单手缠抱对手头部的姿势开始,当我方(穿上衣者)用左手搂住对手头部或者颈部后侧以后,立即将对手头部向下压低(图2-49、图2-50)。

图 2-49

图 2-50

② 对手头部被压低的同时，我迅速弯曲右臂，从对手下颌方勒住其颈部，并把对手头部引向我胸部中央（图2-51）。

图 2-51

③ 左手转移到对手右臂外侧抓住对手右臂，防止对手从侧面挣脱，同时头部贴向对手肩部，并利用体重把对手身体向下压低。右脚后撤一步，准备用膝攻击对手（图2-52）。

图 2-52

④ 左手与右手配合，把对手头部用力拉近，同时以右膝攻击对手头部（图2-53）。

图2-53

⑤ 完成膝击之后，收回右腿并站稳，然后把对手身体向下压，继续掌握主动权（图2-54）。

图2-54

## 六、上体缠抱时的肘法攻击

通过上体缠抱的练习，我们可以体会到，在上体缠抱的过程中夺取内围优势并非易事，因为双方机会是均等的。当我们努力撑开对手手臂的时候，对手也可以用同样的方法来应对。正因为如此，在双方切换缠抱动作的过程中，我们有时候还需要通过其他方法，例如肘法来削弱对手。在成功打击对手的情况下，我们再争取内围优势就会容易许多。

① 以双方相互缠抱对方上体的姿势开始，对手（穿深色上衣者）用左手抱住我上体，我准备用右手撑开对手左臂（图2-55）。

图 2-55

② 在撑开对手左臂的同时,以右肘攻击对手面部左侧(图 2-56、图 2-56 附图)。需要注意的是,撑开对手左臂的同时,对手也会以同样的方法试图撑开我的左臂。而为了撑开我的左臂,对手的头部往往会向左侧倾斜以便腾出空间,这样正好增强了我们肘击的效果。

图 2-56

图 2-56 附图

③ 击中目标以后,右臂直接滑进对手左臂内侧,并穿过对手腋下抱住对手上体,继续争夺内围优势(图 2-57)。

图 2-57

### 七、上体缠抱时的膝法攻击

在双方切换缠抱动作的时候，除了肘法以外，我们还可以使用膝法来攻击对手，为争夺内围优势助力。

① 以左侧在前缠抱对手上体的姿势开始，对手用左手抱住我上体，我可以用右手撑开对手左臂（图 2-58）。

图 2-58

② 撑开对手左臂以后，身体微向左倾斜，提起右膝攻击对手左侧肋部（图 2-59）。

图 2-59

③ 完成攻击以后，右脚顺势前踏，形成右侧在前缠抱对手上体的姿势（图2-60）。

图 2-60

④ 参照先前右手的动作，用左手撑开对手右臂（图2-61）。

图 2-61

⑤ 撑开对手右臂以后，立即用左膝攻击对手右侧肋部（图2-62）。

图 2-62

⑥ 完成攻击以后，左脚顺势前踏，恢复为左侧在前缠抱对手上体的姿势（图2-63）。

图 2-63

# 第四节　用于进攻的摔法

首届"终极格斗冠军赛"举办之前，许多人认为应用拳、肘、膝、腿等技术击倒对手才是展现优势的最佳途径，因而忽视了摔法和地面技术的训练。但自从代表巴西柔术参赛的霍伊斯·格雷西（Royce Gracie）获得胜利之后，人们对摔法和地面技术在实战中威力的看法发生了极大的转变。擅长摔法和地面技术，在"终极格斗冠军赛"中同样有着优秀表现的肯·谢姆洛克（Ken Shamrock）后来甚至还被称为"世界上最危险的人"。

随着MMA运动的推广，许多原来以击打技术见长的选手，也开始在训练计划中加入了柔术和摔跤的内容。摔法和地面技术已经成为MMA擂台技术的重要组成部分，而许多MMA选手也正是凭借精湛的摔法和地面技术赢得了比赛的胜利。

由于摔法在MMA擂台上成为常见技术，且摔法本身的可预见性相对较大，不少选手经过训练后都能对摔法采取有效的反击，因而要想成功地实施摔法，往往还需要击打技术的配合。有经验的选手能够把击打技术和摔法相融合，通过拳法等技术创造条件并隐藏真实意图，然后成功地实施摔法。

### 一、双腿抱摔

虽然不同的武术流派基于各自的技术体系发展出了各种摔倒对手的技术，但是在MMA擂台上，或许是出于效率的考虑，相对来说较易掌握和实施的抱腿摔法却是众多选手的首选，因此本节首先介绍这类摔法的应用技术。

需要注意的是，在散手、泰拳那样的比赛中，对手倒地后就不允许继续攻击，但MMA比赛规则允许使用地面控制技术，所以实施抱腿摔法的同时，还需要为进一步采取地面控制技术做好准备。

① 以站立式警戒势开始，身体下潜，形成半蹲警戒势，准备接近对手（图2-64、图2-65）。

图2-64

图2-65

② 右脚蹬地，身体前冲，左脚迅速踏在对手两腿之间，进入对手内围，两手保持警戒姿势，防备对手攻击（图2-66）。

图2-66

③ 头部贴近对手身体左侧，两手搂住对手膝关节后侧（图2-67）。需要注意的是，头部在接触对方身体之前，不要急于伸出双手去抱对手腿部，因为那样会过早暴露出头部，容易遭到对手反击。

图 2-67

④ 身体继续前冲，右脚顺势前踏，同时调整重心和身体姿态，使右肩位于右脚正上方（图2-68）。注意上体不能过度前倾，否则会影响后续动作。

图 2-68

⑤ 右腿撑地，身体向左用力侧倾，左手撑住对手右腿，用右手把对手左腿抬离地面，使对手摔倒（图 2-69、图 2-70）。

图 2-69

图 2-70

⑥ 顺时针转动身体到对手侧面，避开对手腿部的牵制，利用体重从侧面压制住对手（图 2-71）。

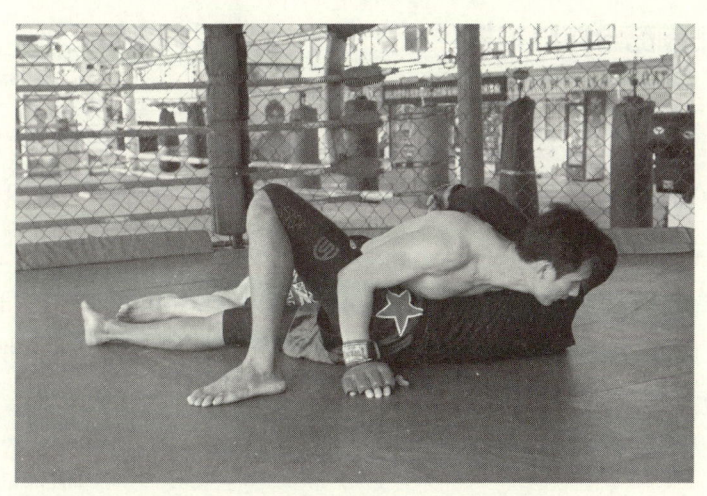
图 2-71

⑦ 收回右手，使右手位于对手右侧，以防对手强行翻转（图 2-72）。完成这一步，就可以准备实施地面控制技术了。

图 2-72

## 二、刺拳配合双腿抱摔

有经验的格斗选手能够通过观察对手的动作来判断对手的进攻意图。因此，要想成功地实施双腿抱摔，有时还需要先通过佯攻来干扰对手的判断。

刺拳是一项基本拳法，多用于干扰对手，或者试探距离。在 MMA 比赛中，我们可以先用刺拳进行佯攻，使对手产生误判，然后再切入对手内围实施摔法。

① 以左前势为例，在接近对手的同时，用左刺拳佯攻对手（图 2-73、图 2-74），出拳时下颌内收，右手保护面部。

图 2-73　　　　　　　　　　图 2-74

② 收回左拳，调整重心，形成半蹲警戒势，然后右脚蹬地，左脚迅速踏进对手两腿之间（图 2-75）。

图 2-75

③ 身体顺势前冲，头部贴近对手身体左侧，两手搂住对手膝关节后侧，之后就可以按照普通双腿抱摔的方法摔倒对手了（图2-76、图2-77）。

图 2-76

图 2-77

### 三、直拳配合双腿抱摔

对于习惯左侧在前的选手来说，用右手直拳来配合双腿抱摔难度会相对大一些，因为如果对手被直拳击中，往往会向后撤，双方距离就会增大，故而增加了实施双腿抱摔的难度。虽然如此，MMA赛场上形势的变化是无从预料的，多掌握一种技术，就多一些获胜的机会。

① 以站立式警戒势开始，逆时针转动肩部，用右直拳攻击对手头部（图 2-78、图 2-79）。

图 2-78

图 2-79

② 出拳之后，右脚向前踏出一小步，身体顺势接近对手（图 2-80）。通过右脚的短距离移动，不但可以接近对手，还可以就此调整身体重心。

图 2-80

③ 右脚一旦接触地面，左脚立即踏进对手两腿之间，两手搂住对手膝关节后侧，之后，就可以按照普通双腿抱摔的方法摔倒对手（图2-81、图2-82）。

图2-81　　　　　　　　　　　图2-82

## 四、平勾拳配合双腿抱摔

平勾拳本身就是一项颇具威力且不易防守的技术。如果把平勾拳与双腿抱摔相融合，那么面对两种几乎同时发生的攻击技术，对手将更加难以防守。

① 以左前势为例，顺时针转身，准备出左平勾拳（图2-83）。

图2-83

② 顺时针转身，实施左平勾拳（图2-84），出拳时右手保持警戒姿势，身体重心顺势前移，准备实施抱腿摔。

图2-84

③ 身体下潜，左脚迅速踏在对手两腿之间，切近对手内围。右手仍然保持警戒姿势（图2-85）。

图2-85

④ 上身贴近对手，两手搂住对手膝关节后侧（图2-86）。

图 2-86

⑤ 重心前移，右脚顺势前踏，同时调整重心和身体姿态，准备摔倒对手（图2-87）。

图 2-87

⑥ 左脚向左侧移步，右腿撑地，把重心移向身体左侧。与此同时，头部紧靠对手身体左侧，把对手左腿抬离地面（图2-88）。

图 2-88

⑦ 摔倒对手之后，迅速转动身体到对手侧面，避开对手腿部的牵制，为实施侧面压制技术做好准备（图2-89）。

图 2-89

## 五、单腿抱摔

在双腿抱摔技术中,我们是用右手把对手左腿抬离地面。这是因为一般情况下,右手相对左手更为有力,而左腿相对右腿力量较弱。但是如果遇到习惯右侧在前的对手,其左腿距离我们较远,要想搂抱则会相当困难。在这种情况下,我们就可以考虑使用单腿抱摔技术了。

与双腿抱摔相比,单腿抱摔的技术动作有两处区别:我们踏近对手时,脚的落点在对手前腿外侧,而不是两腿之间;头部需要贴近对手身体内侧,而不是身体侧面。

① 以站立式警戒势开始,身体下潜,左脚踏向对手右脚外侧(图 2-90、图 2-91)。

图 2-90

图 2-91

② 右腿撑地，身体前冲，头部贴近对手胸部，两手搂住对手右腿，并握紧双手（图 2-92）。

图 2-92

③ 略微弯曲膝关节，使重心后移，同时转动肘部，把对手右腿抬离地面（图 2-93）。

图 2-93

④ 头部紧靠对手,身体沿逆时针方向发力,利用左腿把对手绊倒(图2-94)。

图 2-94

⑤ 摔倒对手之后,迅速调整姿势,使身体位于对手上方,为实施地面控制技术做好准备(图 2-95)。

图 2-95

## 六、摆拳配合单腿抱摔

摆拳是一项动作惯性较大的技术。遇到习惯右侧在前的对手,我们可以借助摆拳产生的惯性接近对手,随即实施单腿抱摔。

① 以左前势为例,右脚前掌蹬地,借助蹬地的动力逆时针转身,用右摆拳攻击对手下颌部(图2-96、图2-97)。出拳时弯曲左腿膝关节,左侧肩部略微放低,以便实施抱腿摔。

图 2-96

图 2-97

② 出拳之后，右脚向前踏出一小步以便调整重心，头部贴近对手胸部，左手搂住对手右腿（图 2-98）。

图 2-98

③ 右脚踏近对手，两手环抱对手右腿，并抬离地面（图 2-99）。

图 2-99

④ 左脚迅速踏在对手右腿后侧，之后就可以按照普通单腿抱摔的方法摔倒对手了（图2-100、图2-101）。

图 2-100

图 2-101

## 七、直拳加平勾拳配合单腿抱摔

平勾拳配合单腿抱摔的实战应用类似平勾拳配合双腿抱摔。实战中，我们可以先用直拳佯攻，转移对手注意力，然后再用平勾拳配合单腿抱摔。

① 以左前势为例，接近对手，用右直拳攻击对手面部（图2-102）。

图 2-102

② 收回右拳的同时，顺时针转动髋部和肩部，用左平勾拳攻击对手，身体重心顺势略微前移，准备实施抱腿摔（图 2-103）。

图 2-103

③ 右脚踏近对手，两手环抱对手右腿，并握紧双手，避免滑脱（图 2-104）。

图 2-104

④ 左脚迅速踏在对手右腿后侧，之后就可以按照普通单腿抱摔的方法摔倒对手了（图 2-105、图 2-106）。

图 2-105　　　　　　　　　　　图 2-106

## 第五节　用于反击的摔法

在 MMA 擂台上，摔法不仅可以用于进攻，而且如果运用得当，甚至可以成为扭转场上形势的反击手段。

面对对手的拳法或者腿法进攻，虽然可以采取格挡的方法来进行防守，但是格挡并不能完全避免受伤，也不能阻止对手发动后续攻击，所以更为妥当的策略是避开进攻，并抢在对手重新进攻前进行反击。当我们成功地避开对手的拳法或者腿法攻击时，就可以根据实际情况实施摔法，转守为攻。

不论是打算用摔法还是用其他技术来实施反击，避开对手攻击的时候需要控制动作幅度，只要让对手的攻击落空便可，不必远离对手，以免错过反击时机。另外，防守和反击的动作应该一气呵成，力求攻守合一。

## 一、双腿抱摔反击刺拳

刺拳通常由距离目标较近的前手实施，完成动作所需的时间比后手直拳短，所以需要多加练习，才能掌握好闪避刺拳的恰当时机。

① 以左前势为例，当对手出左刺拳进攻时，我们可以向对手左侧闪避。身体略微下潜，把重心转移到右脚（图 2-107、图 2-108）。之所以向对手左侧闪避，是因为这样可以使对手难以使用右手或者右腿进行反击。

图 2-107

图 2-108

② 右腿撑地，上身贴近对手，两手从外侧搂住对手腿部（图 2-109）。

图 2-109

③ 右脚向前踏近对手，准备实施摔法（图 2-110）。需要注意的是，这时我们的头部正好位于对手左臂下方，为了尽可能地避免被对手搂住颈部实施反制，必须快速过渡到下一个动作。

图 2-110

④ 左脚前踏，随即右腿撑地，身体向左用力侧倾。按照双腿抱摔的技术，用右手把对手左腿抬离地面，使对手倒地（图 2-111、图 2-112）。

图 2-111

图 2-112

⑤ 尽力把对手压在地面，使身体位于对手上方，为实施地面控制技术做好准备（图2-113）。

图 2-113

## 二、抱腰摔反击右直拳

刺拳加直拳的组合技术在MMA擂台上较为常见。对手出刺拳得手后，往往会用直拳加强打击效果。从反击的角度来看，即使我们被对手的刺拳击中，错过用摔法反击刺拳的时机，面对接踵而来的直拳，仍然有机会通过摔法来扭转场上形势。

① 以左前势为例，当对手用右直拳进攻时，我们可以逆时针扭转肩部和髋部，向对手右侧闪避（图2-114、图2-115）。

图 2-114

图 2-115

② 避开对手直拳的瞬间，右腿撑地，上身顺势贴近对手右侧，两手准备抱住对手腰部（图2-116）。

图 2-116

③ 右脚前踏，两手抱住对手腰部，两手在对手身后扣紧（图2-117）。需要注意的是，两臂应该位于对手肋部和髋部之间相对较柔软的区域，这样可以搂抱得更紧，避免对手挣脱。

图 2-117

④ 左脚顺势踏向对手右脚外侧,并借助体重破坏对手的平衡,使对手倒向地面(图2-118)。

图 2-118

⑤ 摔倒对手的同时,右脚跨过对手身体,以便抢占骑乘位置(图2-119)。

图 2-119

⑥ 两手继续抱紧对手，夺取骑乘位置（图 2-120）。完成这一步后就可以根据对手的反应，进行骑乘位攻击，或者从对手身后实施控制技术。

图 2-120

### 三、双腿抱摔反击左直拳

如果遇到习惯右侧在前的对手，而我们是采取主动进攻的策略，那么可以用单腿抱摔的技术来摔倒对手。但如果对手先使用左直拳进攻，那么除了使用单腿抱摔之外，我们还可以考虑使用双腿抱摔技术来进行反击，因为对手出左直拳时会暴露左侧髋部，这就让我们有机会接近其左腿并实施双腿抱摔。

① 以左前势为例，当右侧在前的对手（个高者）用左直拳进攻时，我可以顺时针转动髋部和肩部，向对手左侧闪避，身体略微下潜，把重心

放在右脚（图 2-121、图 2-122）。

图 2-121

图 2-122

② 避开对手直拳的同时，右脚蹬地，上身顺势贴近对手左侧，两手搂住对手膝关节后侧（图 2-123）。

图 2-123

③ 右脚踏向对手左腿外侧，准备实施摔法（图 2-124）。

图 2-124

④ 左脚踏向对手右腿外侧，同时右腿撑地，身体向左用力侧倾，把对手左腿抬离地面（图 2-125）。

图 2-125

⑤ 摔倒对手之后，迅速调整姿势，把对手压在地面，为进一步攻击做好准备（图 2-126）。

图 2-126

### 四、抱腰摔反击扫踢

扫踢是 MMA 擂台上较为常见的腿法。精于扫踢的对手，往往会对我们造成很大的威胁，但如果我们能够抢在对手刚起腿时接近对手，那么就可以削弱对手的踢击力量，并有机会实施摔法，所以用摔法反击扫踢的关键在于时机的把握。

① 以左前势为例，当对手转动髋部，准备用右扫踢进攻时，可以降低重心，左脚迅速前踏，接近对手（图 2-127、图 2-128）。

图 2-127

图 2-128

② 切近对手内围的同时，头部紧靠对手身体右侧，左手迅速抱住对手右腿（图 2-129）。这样不仅阻截了对手的踢击，而且也控制住了对手的平衡，有助于实施摔法。

图 2-129

③ 阻截对手的踢击以后，两手抱住对手腰部，并在对手身后扣紧。右脚踏向对手左腿外侧，准备摔倒对手（图 2-130）。

图 2-130

④ 身体向右用力侧倾，使对手失去平衡倒向地面（图2-131）。

图 2-131

⑤ 摔倒对手之后，两手继续抱紧对手，以防对手翻转反击（图2-132）。

图 2-132

## 五、接腿摔反击扫踢

面对扫踢的进攻，我们并不是每次都能够及时地避开，也不是每次都有机会切近对手内围实施抱摔技术。在这种情况下，如果想要通过摔法来扭转场上形势，我们就可以考虑运用接腿摔的技术。

使用接腿摔的时候需要尽量避免暴露动作意图。如果对手发现每次起腿时我们都会使用接腿摔，那么很可能会利用我们的动作习惯，先用低位扫踢佯攻，诱使我们把两手放低，然后再用拳法或者腿法攻击我们的上体目标。

① 以左前势为例，当察觉对手准备用右扫踢进攻时，我立即向对手胸部伸出右手，以便破坏对手的平衡，削弱其踢击的力量。左臂做好接腿的准备（图2-133、图2-134）。

图 2-133

图 2-134

② 右手撑住对手胸部，左臂从外侧钩住对手右腿（图2-135、图2-136）。之所以撑住对手胸部，是因为这样不仅可以干扰对手发力，减弱其踢击的力量，还有助于摔倒对手。

图 2-135

图 2-136

③ 右脚向前上步接近对手，右手撑住对手胸部向前推（图2-137）。

图 2-137

④ 右脚一旦站稳，立即用左腿扫踢对手左腿，使对手倒地（图2-138、图2-139）。需要注意的是，对手向后倒地时，仍然需要钩紧其右腿，以便发动进一步攻击。

图 2-138

图 2-139

与本章介绍的其他几种摔法不同的是，在接腿摔技术动作的最后环节，我们有机会对下一步的攻击方式进行选择。如果想要把比赛由站立对抗转为地面对抗，我们可以在对手倒地以后继续钩住对手右腿，并实施锁技等地面控制技术；而如果并不急于摔倒对手，或者想要继续以站立姿势比赛，我们则可以在钩住对手右腿的同时，用拳、肘、膝、腿等技术发动攻击。

## 第六节　缠抱状态下的摔法

如同其他许多格斗类比赛一样，在MMA比赛中，贴身缠抱的情况并不少见。许多经历过摔跤、泰拳甚至拳击训练的选手都懂得如何通过缠抱来制约对手，进而利用缠抱向对手发动近距离攻击。

当比赛进入缠抱的状态，我们不仅可以用拳、肘、膝等技术来打击对手，还可以运用摔法来争取主动。

## 一、抱腰摔

在双方缠抱的情况下，抱腰摔法是一项既简单又有效的技术，不仅可以把对手摔倒在地，而且也便于我们抢占有利位置实施侧面压制技术。

① 在缠抱的过程中，两手勒住对手腰部并在对手身后扣紧（图 2-140、图 2-140 附图）。

图 2-140

图 2-140 附图

② 右脚踏向对手左腿外侧靠后的位置，以便阻挡对手移动左脚调整平衡（图 2-141）。

图 2-141

③ 顺时针用力转动身体，将对手向后摔倒（图 2-142、图 2-142 附图）。

图 2-142

图 2-142 附图

④ 在对手倒地时，我立即调整姿势，把对手压在地面，并实施侧面压制技术（图 2-143、图 2-143 附图）。

图 2-143

图 2-143 附图

## 二、抱膝摔

和对手缠抱在一起时，我们需要提防头部被对手压低，因为那样容易遭到膝法攻击。然而从反击的角度来说，对手用膝法攻击的时候，我们可以趁机用手臂钩住其膝关节，将对手摔倒。

① 在缠抱的过程中，如果对手抬起左膝准备攻击我面部，我可以趁机用右臂钩住其膝关节，并挺直身体，避免被对手击中（图2-144、图2-145）。

图 2-144

图 2-145

② 右脚向前上步支撑重心，并挺直身体，右臂用力向上抬起对手左腿，同时用左腿扫踢对手右腿，使对手两腿都离开地面（图2-146）。

图 2-146

③ 继续抬高对手左腿，使对手上体偏向侧面，失去平衡（图 2-147）。

图 2-147

④ 身体前扑，把对手摔倒在地（图 2-148）。需要注意的是，摔倒对手的同时，应该顺势把对手压在身下，而且不能放开对手右腿，以便实施地面控制技术。

图 2-148

### 三、头部缠抱转为双腿抱摔

在贴身缠抱的情况下，如果有机会抱住对手的头部，我们可以把对手头部拽低，然后用膝法攻击对手面部。但是如果对手颈部和背部力量较强，能够对抗我们的下拽动作，那么我们可以改变策略，转而使用摔法，使对手猝不及防。

① 当我抱住对手头部向下拽，而对手用力挺直上体进行对抗时，我可以突然松开双手。对手头部和上体会由于来不及应对而向后仰（图2-149、图2-150）。

图 2-149

图 2-150

② 在对手头部和上体后仰的同时，我立即降低重心贴近对手，两手搂住对手膝关节后侧（图2-151）。

图 2-151

③ 右脚向前踏出，身体顺势向前冲（图2-152）。

图 2-152

④ 身体继续前冲，把对手扑倒在地，并压在其身上，为实施地面控制技术做好准备（图2-153）。

图 2-153

## 四、抱腰摔反击头部缠抱

在 MMA 擂台上，常常会遇到接受过泰拳训练的选手。这类选手擅长缠抱技术，往往能够找到机会抱住对手头部或者颈部向下拽，并用膝法攻击对手面部。如果我们被这样的对手抱住头部，那么可以尝试用手撑开对手两臂并抱住对手颈部，夺回内围主动权，也可以运用摔法来反制对手。

① 当对手抱住我头部或者颈部准备向下拽时，我可以用力挺直身体并略微下潜，同时伸出两手准备抱住对手腰部（图2-154、图2-155）。

图 2-154

图 2-155

② 右脚蹬地，身体前冲，迅速贴近对手，并抱住对手腰部（图2-156、图2-157）。

图 2-156

图 2-157

③ 勒紧对手腰部的同时，右脚踏向对手左腿外侧，并顺时针转动身体（图2-158、图2-159）。

图2-158

图2-159

④ 转动身体的同时，头部顶住对手，两手用力收紧，使对手失去平衡倒向地面（图2-160）。

图2-160

⑤ 对手倒地之后，我仍然需要抱住对手腰部，防止对手翻转反击（图2-161）。

图 2-161

## 第七节　反击摔法的技术

不管是擅长击打技术还是擅长擒拿和摔法，任何选手都不愿意在MMA擂台上被对手摔倒。

对于侧重击打技术的选手，倒地以后，拳法和腿法的发挥会受到极大的限制。即使擅长擒拿和摔法，如果被对手摔倒，要想夺回优势也极为不易，何况还有可能被对手骑在身上用拳、肘攻击。因此，MMA选手不仅需要具备勇于拼搏的进攻意识，同时也需要懂得如何对摔法进行反击，转被动为主动。

要想对摔法进行反击，需要具备良好的洞察力，这样才能够根据对手的动作适时而动。通常情况下，当对手身体突然下潜时，很有可能就是为实施摔法做准备。这时，我们同样可以降低重心，形成半蹲警戒势，并密切观察对手的动作。如果对手用摔法进攻，我们就可以运用相应的技术进行反击。而如果对手放弃使用摔法，转而用拳法等击打技术进攻，我们也能够及时调整姿势从容应对。

## 一、侧推反击抱腿摔

当对手冲过来准备实施抱腿摔法的时候，最基本的应对方法就是把对手推开。如果对手屡次尝试用摔法进攻都被推开，那么其斗志可能就会受挫，进攻节奏也会受到影响。

① 以左前势为例，当对手（个高者）接近我内围，身体下潜，准备使用抱腿摔法时，我迅速伸出两臂抵住其左侧颈部和肩部（图2-162、图2-163）。

图 2-162

图 2-163

② 左脚后撤，故意让出空间，使对手向前冲击的力量落空（图2-164）。

图 2-164

③ 顺时针方向转体，同时用力把对手向侧面推开（图 2-165）。

图 2-165

## 二、侧推加膝击反击抱腿摔

对手接近我们准备实施抱腿摔法的时候，我们不仅可以把对手向侧面推开，而且如果时机掌握得当，还可以趁对手失去平衡之际，用膝攻击其头部。

① 以左前势为例，当对手身体下潜，准备使用抱腿摔法时，我迅速伸手抵住其左侧颈部和肩部（图 2-166、图 2-167）。

图 2-166　　　　　　　图 2-167

② 左手按住对手头部，左脚后撤一步，同时顺时针方向转体，把对手推往侧面（图 2-168）。

图 2-168

③ 在对手失去平衡时，即可用膝攻击其头部（图 2-169）。对手被击中之后往往会暂时呆住，我便可以根据需要继续击打对手，也可以就此摔倒对手，然后实施地面控制技术。

图 2-169

### 三、展体压反击抱腿摔

所谓展体压，即伸展身体，利用体重把对手压在地面的技术动作，是MMA比赛中用于对付摔法的常见技术。运用展体压时，需要伸展身体，分开两腿，并尽量使髋部平贴地面（图2-170）。

图 2-170

这种姿势便于我们尽可能利用体重压在对手身上，同时也有利于保持稳固的下压姿势，防止对手挣脱。

在近距离对抗的时候，如果对手出拳之后身体突然下潜并实施摔法，我们不一定每次都能及时而有效地做出反应避开进攻。遇到这种情况，就可以运用展体压来牵制对手，并夺回主动权。

① 以左前势为例，对手出左刺拳后身体突然下潜，准备实施抱腿摔法。这时我方（穿上衣者）需要立即降低重心，并放低双手准备应对

（图2-171）。

图 2-171

② 上体压向对手背部，左臂钩住对手左侧肩关节，左腿向后伸直，并绷直脚背。伸开右腿，使髋部得以平贴地面，或者尽量贴近地面（图2-172）。完成这个步骤，基本上就消除了对手的摔法威胁。

图 2-172

之所以需要伸直左腿并绷直脚背,是因为这样有助于保持稳定的姿势。即使对手此时用力想把我顶开,我只会向后滑动,而不至于直接被对手掀翻。

③ 用展体压控制住对手以后,我们可以就此在地面发动攻击。但如果想要重新恢复为站立姿势继续比赛,那么可以用膝部支撑,使身体离开地面(图2-173)。起身的同时,左臂仍然需要钩住对手肩关节,以防对手趁机再次尝试实施摔法。

图 2-173

④ 收回左腿,用脚掌站稳,两手按住对手左侧肩部,保持对对手的牵制(图2-174)。

图 2-174

⑤ 把对手推开，同时站起身，恢复站立警戒势（图2-175、图2-176）。

图 2-175

图 2-176

## 四、颈部锁绞反击双腿抱摔

当对手突然下潜准备实施双腿抱摔的时候，如果我们没有能够及时避开进攻，而对手已经进入我内围，那么可以考虑使用颈部锁绞的技术来进行反击。如果运用得当，不仅可以有效地反击对手的摔法进攻，甚至可能就此获取胜利。

① 以左前势为例，当对手（个高者）已经进入我内围并准备实施抱双腿摔，而我未能及时避开时，我可以立即弯曲右臂，把右手伸到对手下颌下方，并借助对手向前冲的惯性，将其头部引导到我腹部中央（图2-177）。

图 2-177

② 弯曲左臂钩住对手颈部，用左手抱住右手，并用右手腕关节的突出部位顶住对手咽喉（图 2-178、图 2-178 附图）。

图 2-178

图 2-178 附图

③ 左脚后撤一步，挺直身体，用腹部抵住对手头部，两手勒住对手颈部用力向上提（图 2-179）。在这种情况下，为了避免窒息的危险，对手往往只得认输，因而颈部锁绞也是一项有效的降服技术。

图 2-179

## 五、"断头台"反击双腿抱摔

"断头台"是一项通过锁绞对手颈部来降服对手的技术,因其动作过程让人联想起西方用断头台行刑时的情形而得名。

从技术角度来看,"断头台"可以视为地面状态的颈部锁绞,而颈部锁绞也即是站立式的"断头台"。与站立姿势下的颈部锁绞不同的是,"断头台"技术需要我们向后倒地,并用两腿夹住对手上体,从而保护好自己,防止对手挣脱。

需要注意的是,虽然"断头台"和颈部锁绞可以帮助我们降服对手,但是这两项技术都是反击技术,而不是主动进攻技术,需要时机出现才能实施。

① 以左前势为例,当对手突破防守进入我内围准备实施抱双腿摔,而我来不及避开时,可以放低两手,准备把对手头部引向我身体左侧(图2-180)。

图 2-180

② 对手头部偏到我左侧之后，我迅速用左臂钩紧对手头部，右脚踏向对手左腿外侧，以便我倒地之后用两腿夹住对手上体（图2-181）。

图 2-181

③ 降低重心，向后坐倒在地面，右手也钩住对手颈部，并握紧左手；分开两腿，准备用腿夹住对手上体（图2-182）。需要注意的是，右手不能钩住对手左臂，否则容易被对手挣脱。

图 2-182

④两臂勒紧对手颈部，两脚钩紧；两腿夹住对手腰部向下用力，上体向右扭转（图 2-183）。这种动作使对手的身体被向两端拉扯，可以使对手难以忍受而认输。

图 2-183

## 六、膝击加上勾拳反击单腿抱摔

相对而言，反击单腿抱摔比反击双腿抱摔容易一些，因为对手的目标只是我们的一条腿，这就让我们可以用另外一条腿保持站立姿势并实施反击。

当对手实施单腿抱摔的时候，我们可以运用膝法进行反击。如果时机掌握恰当，甚至有可能一击获胜。不过有的对手抗击打能力较强，即使遭到膝击也会继续抱住我们的腿。遇到这种情况，我们可以转用拳法攻击对手面部，使对手放弃摔法进攻。

① 以左前势为例，当对手身体下潜，准备接近我实施单腿抱摔时，我可以立即提起左膝，攻击对手面部目标（图 2-184）。出击时髋关节向前挺，这样可以增强打击效果。

图 2-184

② 虽然对手遭到膝击，但是仍然用两手抱住我左腿，进一步向我接近，准备实施摔法（图 2-185）。

图 2-185

③ 为了避免被摔到，我可以用右脚站稳，上体向右侧转，准备用右拳反击（图2-186）。需要注意的是，左腿必须绷紧，并且使小腿位于对手两腿之间，这样可以增加对手实施摔法的难度，避免被对手抬高左腿而摔倒。

图 2-186

④ 保持平衡的同时，左手控制住对手头部，右手用上勾拳反复打击对手右眼眶（图2-187）。之所以需要打击对手右眼眶，是因为如果打击对手左眼眶，对手可以向右扭头避开攻击。

图 2-187

⑤ 对手在我们的重复打击之下往往会放松双手，这时我迅速让头部靠向对手头部左侧，左腿用力下压，踩向地面，同时两手分别抓稳对手两只上臂，防止对手出拳（图2-188）。

图 2-188

图 2-189

⑥ 左腿挣脱对手，同时两手用力把对手推开（图2-189）。之后，就可以重新组织进攻了。

## 七、颈部锁绞反击单腿抱摔

颈部锁绞不仅可以用来反击双腿抱摔，而且也可以用来对付单腿抱摔。当对手抱住我腿部时，只要能够锁住对手颈部，对手将无法完成摔法，甚至可能就此落败。

① 当被对手抱住左腿时，我方（穿上衣者）应该抢在对手发力之前，把左腿摆动到对手右腿外侧，同时用右手按住对手头部，将其头部引导到我腹部中央（图2-190、图2-191）。

图 2-190

图 2-191

② 右脚站稳，弯曲左臂，把左手伸到对手下颌下方，然后弯曲右臂，用右手抱住左手腕关节的突出部位（图2-192、图2-192附图）。完成之后，立即借助体重把对手头部往地面方向压，同时左脚用力踩向地面。

图 2-192

图 2-192 附图

③ 左腿挣脱对手并站稳，同时，用腹部抵住对手头部，用左手腕关节的突出部位顶住对手咽喉，两手勒住对手颈部用力向上提，迫使对手认输（图2-193）。

图 2-193

## 第八节　对地面对手的攻击技术

在 MMA 比赛中，对手倒地的原因多种多样。同时，基于不同的战术目标，对付地面对手的方法也不少。如果希望继续以站立姿势与对手对抗，我们可以远离倒地的对手，待其恢复站立姿势后再继续比赛。另外也可以先设法接近对手，再继续发动进攻。

### 一、接近地面对手的方法

相对而言，接近背部贴地的对手并不算十分困难。不过，倒地的对手往往会抬起两腿连续蹬踢，试图阻止我接近。在这种情况下，如果不加防范地接近对手，腿部或者膝关节就会有被踢伤的危险。所以，接近地面对手的时候，同样需要讲究技巧。

① 以左前势为例，地面对手抬腿朝我蹬踢，为了避免被踢伤，我可以先用左脚向对手接近一步（图2-194）。

图 2-194

② 左脚接近对手以后，立即提起左膝，准备踏向对手（图2-195）。以这种姿势接近对手，可以避免膝关节被踢伤。

图 2-195

③ 左脚踏向对手两腿之间，头部略微后仰，防止遭到对手蹬踢（图 2-196）。

图 2-196

④ 进到对手内围之后，立即放低两手抓住对手踝关节，这时就可以准备实施进一步攻击了（图 2-197、图 2-197 附图）。

图 2-197

图 2-197 附图

## 二、面部踩踏

面部踩踏可以重创倒地的对手,但是由于踩踏对手面部时,需要把腿伸展到距离对手较近的位置,如果对手擅长擒拿技术,即使受到攻击,也会尽力抓住我腿部伺机反击,所以踩踏对手面部以后,我们还需要迅速转身,以便顺利收腿,确保安全。

① 从抓握地面对手踝关节的姿势开始,提起右膝,准备实施踩踏(图2-198、图2-199)。

图 2-198

图 2-199

② 髋部前挺,伸展右腿踩踏对手面部(图2-200)。

图 2-200

③ 完成踩踏以后，为了避免被对手趁机抓住腿部，我们可迅速沿逆时针方向转体（图2-201）。

图 2-201

④ 转体之后，右腿继续撑住对手面部，以便借助反作用力迅速收腿，防止被对手抓住腿部（图2-202）。

图 2-202

⑤ 迅速收回右腿，并恢复对抗地面对手的警戒姿势（图2-203、图2-204）。

图 2-203

图 2-204

### 三、腹部踩踏

虽然各类 MMA 赛事的规则大致相同，但有的 MMA 比赛不允许用脚踩踏倒地对手的头部或者面部。如果在这种规则下进行比赛，那么控制住地面对手的腿部之后，我们可以用腹部踩踏代替面部踩踏。

① 从抓握地面对手踝关节的姿势开始，分开对手两腿，提起右膝，准备实施踩踏（图 2-205、图 2-206）。

图 2-205

图 2-206

② 伸展右腿，踩踏对手腹部（图 2-207）。

图 2-207

③ 完成踩踏以后，迅速收回右腿，准备继续发动攻击（图 2-208）。

图 2-208

### 四、腿部扫踢

踢击地面对手的腿部虽然不至于因此获取胜利，但是对手腿部遭到重击后，其腿部技术的发挥就会受到影响。

① 以右手抓握对手左脚踝关节的情况为例，我们可以把对手左脚抬高，然后用右腿扫踢对手大腿部位（图2-209、图2-210）。

图2-209

图2-210

② 完成踢击以后，迅速收回右腿，寻求下一个攻击机会（图2-211）。

图2-211

### 五、头部扫踢

一些对手在倒地以后会用一只手把上体撑离地面,并伸出另一只手用于格挡。在这种情况下,我们可以抓住对手伸出的那只手,然后向其头部施以扫踢。

① 从对手倒地的状态开始,我可以接近对手,并用右手抓住其伸出的左手(图 2-212、图 2-213)。这样不仅可以转移对手的注意力,也可以防止对手格挡。

图 2-212　　　　　　　　　　图 2-213

② 趁对手尚未正确做出防守时,我立即用左腿扫踢其头部(图 2-214)。之所以用左腿而非右腿实施扫踢,是因为这时对手用右手支撑身体,用左腿扫踢可以让对手难以防范。

图 2-214

## 六、下击拳攻击转为侧面压制

对手倒地以后，我不仅可以用腿法，而且也可以用拳法进行攻击。由于拳法的有效攻击范围比腿法短，所以往往需要俯下身体才能击中地面目标。虽然这样容易遭到对手反击，但这也有利于我们迅速转为地面压制的状态。

① 从抓握对手踝关节的姿势开始，我先把对手两腿向我左侧摆动（图2-215、图2-216）。需要注意的是，我的真实意图是把对手两腿甩向我右侧。

图 2-215

图 2-216

② 为了对抗摆动，对手往往会使两腿向其左侧用力，试图挣脱，这时我们即可借助对手的力量，将对手右腿搭在左腿上，把对手两腿甩向我右侧（图2-217）。之所以要使对手右腿搭在左腿上，是因为这样容易使对手身体转向侧面，便于我发动攻击。

图 2-217

③ 在对手身体转向侧面时，我迅速收回右手准备出拳，并用左手抵住对手右手，防止对手格挡（图 2-218）。

图 2-218

④ 弯曲左腿膝关节，俯下身体，并借助身体下俯的力量以右拳攻击对手面部（图 2-219）。

图 2-219

⑤ 完成攻击以后，立即从侧面压制住对手，准备实施地面控制技术（图 2-220）。

图 2-220

## 七、下击拳反击锁踝转为地面压制

对于地面对手来说，锁踝技术可能是其用来降服站立对手的唯一选择。当我们踩踏对手面部或者腹部时，如果对手反应迅速，很可能趁机用两腿钩住我们腿部，继而实施锁踝技术。遇到这种情况，我们可以掰开对手腿部，用拳法进行反击，随即转为地面压制的状态。

① 从对手背部贴地的状态开始，对手找到机会把右腿伸进我两腿之间，然后弯曲右腿钩住我左腿，准备实施锁踝技术（图 2-221）。

图 2-221

② 为了避免被对手锁住踝关节，我可以用左手握住对手脚跟，准备掰开对手右腿（图2-222）。

图2-222

③ 左手把对手右腿向外侧掰开，右手准备出拳反击（图2-223）。

图2-223

④ 左手继续控制住对手右腿，俯下身体，并借助身体下俯的力量用右拳攻击对手下颌（图 2-224、图 2-225）。

图 2-224

图 2-225

⑤ 完成攻击以后，顺势把对手压在地面，准备实施地面控制技术（图 2-226）。

图 2-226

# 第三章 地面对抗技术

MMA 比赛的初衷是让不同技术风格和特长的选手有机会同台竞技，因而在 MMA 擂台上，站立对抗和地面对抗的情况都有可能出现。在参赛双方都擅长地面技术的情况下，比赛甚至可能会以地面对抗的状态开始和结束。所以要想在 MMA 擂台上获胜，我们不仅需要掌握站立状态下的对抗技术，而且还需要懂得运用地面技术。

## 第一节 倒地状态下的防守和反击技术

要掌握如何进攻和反击，首先需要懂得如何防守。当我们已经倒地，而对手仍然站立的时候，我们的第一反应是尽快恢复站立姿势。然而在双方距离较近的情况下，要恢复站立姿势并不容易，因为对手很可能会用腿法攻击我们，或者在我们准备起身的时候制造各种阻碍，让我们再次倒地。即便是精通地面技术的柔术选手，也有可能在对手的踩踏攻击或者俯身拳击下落败。所以，要想恢复站立姿势，首先需要与对手拉开足够的距离。

在倒地的状态下，我们可以蹬踢对手腿部、上体甚至头部来阻止其接近，从而创造条件恢复站立姿势。但是如果双方距离非常近，我们就需要通过本节介绍的其他反制技术来应对了。

关于在倒地的状态下对付站立姿势的对手，曾经获得"终级格斗冠军赛"轻量级和次中量级冠军头衔，2015年成为"终级格斗冠军赛"名人堂成员的BJ·潘（B. J. Penn）总结说："转为地面防守姿势有利于防守对手的踢击；一旦机会出现就立即起身，时机的把握能力和距离感就是一切；永远不要被对手控制住腿部。"

### 一、地面防守姿势

当我们处于地面状态，而与对手之间的距离恰好适合对手发动攻击时，我可以通过地面防守姿势来保护自己。

地面防守姿势要求我弯曲肘关节，用两手防护面部，同时把膝关节收拢到肘部位置（图3-1）。

图 3-1

这种防守姿势既能保护身体，抵挡对手的扫踢（图 3-2），也便于蹬踢对手，迫使其保持距离，从而为我迅速起身创造条件。

图 3-2

对手为了找机会发动攻击，可能会围绕我移动，这时我方应该适时转动身体，使两腿始终朝向对手，这样才能发挥地面防守姿势的效果。

## 二、恢复站立姿势的方法

虽然从地面起身的姿势因人而异，但是在 MMA 比赛中，对手随时都在寻找攻击的机会，所以从地面恢复站立姿势时，仍然需要讲究策略。从地面起身的时候务必快速，以免对手趁机攻击。而如果对手真的实施攻击，我们应当重新转为地面防守姿势，并立即蹬踢对手，再次创造便于起身的距离。

① 从地面防守姿势开始，一旦与对手拉开足够距离，我方就先用右手肘部把上体撑离地面，同时缩回左腿，准备起身。左手伸向对手，以便

格挡对手的攻击（图3-3、图3-4）。

图3-3

图3-4

② 伸直右臂，以右臂和左腿作为支撑，使臀部迅速离开地面（图3-5）。

图3-5

③ 迅速收回右腿并站稳，左手仍然伸向对手，以防对手攻击（图 3-6）。

图 3-6

④ 完全站立起来，并调整身体姿势，恢复站立警戒势（图 3-7）。

图 3-7

### 三、起身时躲避扫踢的方法

从地面恢复为站立姿势时,需要用一侧手臂和另一侧的腿部作为支撑,因此防护能力会有所减弱,而对手很可能趁机实施扫踢。如果遇到这种情况,我们首先应当避开对手的攻击,然后利用对手攻击落空的时机恢复站立姿势。

① 从地面状态开始,我方(穿上衣者)用右臂和左腿作为支撑,准备恢复站立姿势(图3-8)。

② 在我准备起身时,如果对手趁机用左腿向我方头部实施扫踢时,我们可以立即弯曲右臂,用右臂肘关节作为支撑,让身体靠向地面,并放低左手,让对手的攻击落空(图3-9)。需要注意的是,我们不必让身体完全倒回地面,只需让对手的踢击落空,然后重新起身。

图3-8

图3-9

③ 对手的踢击落空以后，由于惯性的作用，往往会形成背对我的姿态（图3-10）。这时我方即可重新起身，恢复站立姿势。

图 3-10

## 四、地面蹬踢

在地面防守时，如果对手接近，我们可以蹬踢攻击对手膝关节，迫使其保持距离，从而为我们迅速起身创造条件。如果对手弯腰接近，试图用拳法攻击，或者想把我们压在地面时，那么我们可以蹬踢攻击对手面部。

① 以地面防守姿势开始，当对手以左前势站立，试图接近我时，我可以用力蹬踢对手左腿膝关节（图3-11、图3-12）。如果力量足够大，就可能给对手左膝造成反关节损伤。

图 3-11

图 3-12

② 以地面防守姿势开始，当对手以左前势站立，试图接近我时，我先用两手抱住两腿胫部，让两腿处于弹簧般蓄势待发的状态，一旦时机成熟就松手，并出腿蹬踢对手左腿膝关节（图 3-13、图 3-14）。当对手打算控制我腿部时，这种蹬踢方法尤为奏效。

图 3-13

图 3-14

③ 如果对手打算用拳法攻击，或者试图把我压在地面进行控制时，那么当对手弯腰的时候我可以蹬踢攻击对手面部（图 3-15、图 3-16）。与蹬踢对手膝关节不同的是，蹬踢对手面部的时候，我们需要用肘部加强支撑，这样不仅可以保持身体的稳定，也便于抬高腿部。

图 3-15

图 3-16

## 五、地面砸踢

当我们处于地面防守时,除了蹬踢以外,还可以用砸踢来阻挡对手接近。

① 以地面防守姿势开始,当对手接近我时,我先用右腿抵住对手左侧大腿(图3-17)。

图 3-17

② 以对手大腿为支点,把臀部撑离地面,同时抬高左腿,准备砸击对手(图3-18)。

图 3-18

③ 借助向下的重力，用左脚跟砸击对手大腿（图 3-19）。注意左腿不要过于伸直，否则不仅容易被对手抓住，腿伸得太直还有可能损伤膝关节。

图 3-19

## 六、腿部被控制时的蹬踢反击

当我们处于地面防守状态的时候，应该尽量避免被对手控制住腿部，因为对手可以通过腿部控制来实施攻击。如果被对手抓握踝关节，我们可以从对手手掌开放的一侧挣脱控制，继而伸腿把对手蹬开，创造恢复站立姿势的条件。

① 从对手抓握我踝关节的状态开始，我们需要在对手做出进一步动作之前迅速向上抬起右腿，从对手左手掌开放的一侧挣脱控制，然后

沿逆时针方向摆动右腿,绕过对手左手,准备蹬踢对手上体(图3-20、图3-21)。

图 3-20

图 3-21

② 伸展髋部,用右腿撑住对手上体,把对手蹬开(图3-22)。完成之后,如果双方距离足够远,我们就可以立即恢复站立姿势。

图 3-22

## 七、钩腿防守

钩腿防守并不是一种由个人独立完成的防守姿势,而是指在地面状态下,用腿钩住站立对手的腿部,并用手抓住该腿踝关节,以便实施反击的技术。这项技术由巴西柔术黑带级人物德·拉·希瓦(全名 Ricardo De LaRiva Goded)从柔术防守姿势改进并推广,以至众所周知,因而也被称为"德·拉·希瓦防守"。

钩腿防守虽然不能像蹬踢那样使自己与对手之间拉开距离,但是却可以控制住对手的腿部,进而破坏对手的平衡,为进一步反击创造条件。

① 从被对手抓握踝关节的状态开始,在对手以左前势站立的情况下,我先用右手抓住对手左脚踝关节(图3-23、图3-24)。

图 3-23

图 3-24

② 左腿抵住对手髋部左侧作为支撑，右腿从对手左手掌开放的一侧挣脱控制，然后沿顺时针方向摆动右腿到对手左腿外侧（图 3-25）。

图 3-25

③ 弯曲右腿膝关节，由外向内钩住对手左腿；同时跷起右脚，用脚背钩住对手左大腿内侧，使整只右腿缠绕住对手左腿，形成钩腿防守（图3-26、图 3-27）。

图 3-26

图 3-27

## 八、从钩腿防守恢复站立姿势的方法

虽然钩腿防守会使自己与对手处于近距离接触的状态，但是仍然可以利用钩腿防守的特点来创造恢复站立姿势的条件。

① 以钩腿防守的姿势开始，我在抓握对手左脚踝关节的同时，用左脚抵住对手髋部作为支撑，让身体向右滚转，使臀部离开地面（图 3-28、图 3-29）。

图 3-28

图 3-29

② 以右侧肩部作为支撑，伸展右腿，并翘起右脚，用脚背钩住对手右大腿（图 3-30、图 3-31）。这一系列动作可以使对手身体沿顺时针方向转动，进入背部朝向我的状态。

图 3-30

图 3-31

③ 当对手背部朝向我以后，我右手放开对手左脚踝关节，右脚也从对手右大腿松开，同时用左脚抵住对手臀部，把对手蹬开（图3-32、图3-32附图）。

图 3-32

图 3-32 附图

④ 对手被蹬开之后，需要转身调整姿势才能重新进入对抗状态，这样我们就赢得了时间，按照先前提到的方法恢复站立姿势（图3-33、图3-34）。

图 3-33

图 3-34

### 九、钩腿防守时的蹬踢反击

在钩腿防守的姿势下,如果对手用拳法进行攻击,我们可以用腿撑住对手髋部,阻止其俯身攻击,也可以先收回撑住对手的腿,然后蹬踢对手面部。

① 以钩腿防守的姿势开始,当对手抬起右手,准备用右拳发动攻击时,我可以先收回左腿,弯曲膝关节,做好反击准备(图 3-35、图 3-36)。

图 3-35　　　　　　　　　　图 3-36

② 在对手俯身攻击时,我即可用左腿蹬踢其面部(图 3-37)。如果击中目标,对手俯身的力量与我蹬踢的力量相加,将会使蹬踢效果倍增。

图 3-37

## 十、钩腿防守转为地面上位的方法

在钩腿防守的姿势下,我们不仅可以用蹬踢来反击对手的拳法攻击,还可以利用对手的攻击动作,把对手带到地面,并且抢占地面上位的优势状态。

① 以钩腿防守的姿势开始,对手用左手把我左腿拉开,准备用右拳发动攻击(图3-38、图3-39)。

图 3-38

图 3-39

② 在对手俯身出拳时,我立即缩回左腿,并用左手挡开对手右拳(图3-40)。需要注意的是,缩回左腿时,应该使左腿膝关节收到左臂内侧,这样既可以保护上体,也不会阻碍左手的下一步动作。

图 3-40

③ 右腿继续钩住对手左腿往回收，借助对手俯身的惯性，把对手上体朝我们方向拉近，同时用左手搂住对手颈部或者头部（图3-41）。

图 3-41

④ 右手松开对手左脚踝关节，左脚抵住对手髋部右侧，两腿相互配合，把对手向我右侧蹬开（图3-42、图3-43）。

图 3-42

图 3-43

⑤ 对手倒地以后，我顺势向右转身，用左手按住对手头部，迅速跪起来，抢占地面上位的优势状态（图 3-44、图 3-45）。如果条件合适的话，可以趁对手倒地的时候迅速起身，恢复站立姿势。

图 3-44

图 3-45

## 十一、钩腿防守转为地面缠抱防守

从钩腿防守转为地面上位状态时，要把对手从我们身体上方蹬开，但是在 MMA 比赛过程中，由于体力的损耗或者其他原因，有时候并不能够顺利地完成这种动作。在这种情况下，我们不妨借助对手的攻击动作，直接缠抱对手，使比赛转为地面对抗的状态。

① 以钩腿防守的姿势开始，当对手以左拳发动攻击时，我可以挺直左腿，使对手的左拳落空（图 3-46）。

图 3-46

② 当对手左拳落空，换右拳再次尝试进攻时，我可以立即缩回左腿，把左腿膝关节收到左臂内侧，并用左手挡开对手右拳（图 3-47、图 3-48）。

图 3-47

图 3-48

③ 右腿继续钩住对手左腿往回收，借助对手俯身的惯性，把对手上体向我方方向拉近，同时用左手搂住对手头部（图 3-49、图 3-50）。

图 3-49

图 3-50

④ 两腿夹住对手上体，两脚在对手身后钩紧。右手松开对手踝关节，协助左手抱紧对手头部（图3-51）。这种姿势不仅可以阻挡对手的后续攻击，也便于我寻求机会实施降服技术。

图 3-51

## 十二、钩腿防守转为绊腿摔

在钩腿防守的状态下，我们不仅可以实施反击，也可以通过腿部动作的改变，把钩腿防守转换为主动发力的摔法。

① 从钩腿防守的姿势开始，右手继续抓住对手左脚踝关节，左腿从对手髋部移开，右腿松开对手左腿，并取代左腿抵住对手髋部左侧（图3-52）。

图 3-52

② 左腿伸向对手右腿，翘起左脚钩住对手右腿膝关节后侧（图 3-53）。

图 3-53

③ 右腿用力挺直，左腿和右手往回收，使对手失去平衡向后摔倒（图3-54、图 3-55）。

图 3-54

图 3-55

④ 对手倒地以后，我可以迅速跪起来，抢占地面上位的优势（图3-56）。

图 3-56

## 第二节　地面缠抱上位的对抗技术

所谓地面缠抱上位，通常是指对手背部着地，而我们自己位于对手上方，且身体在对手两腿内侧的地面对抗状态。

在 MMA 比赛中，当双方选手进入地面对抗状态时，处于上位的一方即为优势方。当我们处于地面缠抱上位时，可以用拳法、肘法甚至膝法攻击对手头部、肋部或者其他部位。处于地面缠抱下位的对手两腿都在我们身体外侧，不仅难以防守，而且还需要克服自身的体重和压在其身上的重量，然后才能采取反击措施，其劣势可想而知。因此，在地面对抗状态下，应该努力争取并保持上位优势。

实战中可以通过摔法来获取地面上位。对手倒地后，我们首先需要运用自上而下的拳法或者肘法实施攻击，这样不仅可以转移对手注意力，以便摆脱对手腿部的缠抱防守,而且还有可能直接获胜。一旦获取地面上位的优势,我们就可以进行后续攻击,或者创造条件实施降服技术。

虽然地面上位是优势位置,但如果对手擅长地面技术,我们仍然有可能遭到有威胁性的反击。所以处于地面缠抱上位时,还需要注意那么几点:控制对手的同时保持进攻,通过击打技术与突破腿部防守技术的切换使对手始终处于守势;手臂保持弯曲,避免被对手锁臂;如果条件合适,立即转为更具优势的侧面压制、骑乘姿势或者背后缠抱姿势。

## 一、地面缠抱上位的防守姿势

不论是处于地面上位还是地面下位,防守姿势都是必须掌握的基本技术。

① 处于地面缠抱上位时,正确的防守姿势可以防止被对手轻易掀翻,同时也有利于我向对手发动攻击。要实现这种目的,我们可以挺直身体,伸直左臂,左手抵在对手胸部,防止对手起身,同时把右手放在对手左腿位置,这样既可以防止对手收紧两腿进行抵抗,也便于我发动攻击(图3-57)。

图 3-57

② 如果对手擅长擒拿技术，为了防止被对手锁臂，我可以用手按在对手上臂位置，把对手两臂压在地面，为内围攻击创造条件（图3-58、图3-59）。

图 3-58

图 3-59

在MMA比赛中，我们可以根据场上形势，在以上两种防守姿势之间适时切换，使自己始终保持上位优势。

### 二、地面缠抱上位状态下的平勾拳连续攻击

平勾拳不仅可以用于站立姿势下的对抗，而且也可以用于地面对抗。在地面缠抱上位状态下，由于对手动作空间受限，想要实现完美的防守并不容易，这就让我们有机会用平勾拳向对手发动连续的攻击。

① 从地面缠抱上位的状态开始，对手用左手搂住我头部后侧，想要实施控制技术，但同时也暴露出上体目标，这时我方（穿上衣者）向后抬

起右手，用平勾拳攻击对手肋部（图 3-60、图 3-61）。

图 3-60

图 3-61

② 击中对手肋部以后，迅速收回右手，以同样的方法再次攻击对手肋部（图 3-62、图 3-63）。

图 3-62

图 3-63

③ 由于肋部连续受到攻击，对手会放低肘部保护肋部，而这样就会使面部疏于防范，这时我即可用右平勾拳攻击对手下颌部位（图 3-64、图 3-65）。

图 3-64

图 3-65

需要注意的是，我们的重点目标是对手的面部，攻击对手肋部的目的是转移对手的注意力，所以如果对手肘部不放低，就需要继续打击其肋部，直到对手暴露出面部目标。另外，用右拳发动攻击的时候，仍然需要留意对手的动作，提防对手趁机锁住我左臂进行反击。

### 三、地面缠抱上位状态下的上勾拳攻击

当我处于地面缠抱上位状态时，对手要想防守上勾拳是非常困难的。一方面，处于下位的对手为了实施缠抱防守，需要伸出手臂搂住我头部或者颈部，其内围就会出现缺口；另一方面，为了观察我的动作，对手往往会抬起头来，这也为我用上勾拳攻击其下颌部提供了便利。

① 从地面缠抱上位的状态开始，对手用左手搂住我头部后侧，想要实施缠抱防守，我先用左手把对手上臂按在地面，为上勾拳攻击创造条件

（图 3-66）。

图 3-66

② 打开对手内围缺口以后，右手立即伸进对手左臂内侧，用上勾拳攻击对手下颌部（图 3-67）。

图 3-67

## 四、解除腿部缠抱转为拳法攻击

在 MMA 比赛中，站立对抗与地面对抗的战术运用是相通的。在站立

141

对抗的情况下，我们可以通过佯攻手段来为真正的攻击创造条件。而在地面对抗时，如果我们被处于地面下位的对手用两腿缠住，同样可以采取声东击西的策略，先利用假动作吸引对手的注意，然后再发动真正的攻击。

① 从地面缠抱上位的状态开始，对手用两腿缠住我时，为了防止被对手搂住颈部或者头部，我先把对手两手按在其胸部（图3-68）。

图 3-68

② 为了转移对手注意力，我可以沿顺时针方向转体，用右手按住对手大腿往下压（图3-69）。需要注意的是，这种动作并不能真正解脱对手的腿部缠抱，这样做的真实意图是诱导对手把注意力放在其腿部。

图 3-69

③ 一旦对手放松面部防守，我就可以抓住机会对其面部施以重拳（图3-70、图3-71）。

图 3-70

图 3-71

### 五、解除腿部阻挡转为拳法攻击

处于地面下位的对手为了阻挡我的攻击，常常会弯曲膝关节，用腿部抵住我上体。遇到这种情况，我们可以先把对手的腿往侧面掰开，解除对手腿部的阻挡，然后再出拳实施攻击。

① 从地面缠抱上位的状态开始，当对手弯曲左腿挡住我上体时，我用

右手抓住对手踝关节往回拉，左手抵住对手膝关节向外侧推开（图 3-72、图 3-73）。

图 3-72

图 3-73

② 解除对手腿部阻挡以后，对手的注意力已经集中到腿部，所以我要用左手继续抵住对手膝关节，右手松开对手踝关节，迅速出拳攻击对手面部（图 3-74）。

图 3-74

③ 完成攻击以后，可以用前臂撑在对手胸部，避免上体过于贴近对手（图 3-75）。之后就可以根据需要继续攻击对手，或者把握机会恢复站立姿势。

图 3-75

## 六、地面缠抱上位状态下的肘法攻击

处于地面下位的对手为了阻止我用拳法攻击，除了用腿进行阻挡以外，还有可能抓住我腕部进行控制。在这种情况下，我可以用肘法直接攻击对手。

① 以我们处于地面缠抱上位的状态开始，对手抓住我腕部，阻止我用拳法攻击（图3-76）。

图 3-76

② 由于不便使用拳法，我可以略微向左倾斜身体，使肘部得以向上抬高，准备实施攻击（图 3-77）。

图 3-77

③ 一旦抬高肘部，即使对手控制住我腕部，也将很难阻挡我肘部的动作，这时我们就可以用肘部向下攻击对手面部（图 3-78）。

图 3-78

④ 除了用以上方法实施肘击之外，由于对手只是抓住我腕部，而我手掌仍然可以活动，所以也可以先用左手帮助右手挣脱对手的控制，然后

再实施肘击（图 3-79、图 3-80）。

图 3-79

图 3-80

### 七、砸拳转肘法的组合攻击

砸拳是 MMA 比赛中处于地面上位的一方常用的拳法。当处于地面下位的对手搂住我头部或者颈部，准备实施缠抱防守时，如果我能够用砸拳与肘法配合起来进行组合攻击，那么攻击效果将得到极大的增强。

① 从地面缠抱上位的状态开始，对手用左手搂住我头部后侧，想把我头部拉低实施缠抱防守，同时也暴露出面部目标时，我可以抬起右手，用拳向下砸击对手面部（图 3-81、图 3-82）。

图 3-81

图 3-82

② 因为对手面部受到打击以后并没有松开左手，所以我要用右手抓住对手左手腕部，将其从我头部移开（图3-83、图3-84）。

图 3-83

图 3-84

③ 移开对手左手以后，右手仍然抓住其左腕，并转动肘部，由上而下打击对手面部（图3-85）。

图 3-85

④ 完成攻击以后，我可以用前臂撑在对手胸部，以防对手再次搂住我头部（图3-86）。

图 3-86

## 八、砸肘转直拳的组合攻击

在 MMA 比赛中，组合攻击的方式可以是多种多样的，而且需要我们能够随机应变。当处于地面下位的对手用两腿缠住我们的时候，我们不仅可以用掰腿的假动作来为拳法攻击创造条件，而且也可以用肘法与拳法配合，实实在在地向对手的身体两端发动攻击。

① 从地面上位的状态开始，当对手用两腿缠住我时，我可以先抬起右臂，用肘向下砸击对手大腿部位（图3-87、图3-88）。虽然这种打击不一定能解除对手的缠抱，但是腿部受到重击以后，对手的腿部动作便会受到影响。

图 3-87

图 3-88

② 当对手的注意力转移到腿部以后，我们便可以直接伸展右臂用直拳攻击对手面部（图3-89）。

图 3-89

## 九、摆拳佯攻转为砸肘攻击

在站立对抗时，摆拳通常被用作后续拳法，由于动作幅度较大，容易被对手察觉，所以往往需要先用其他拳法进行铺垫。但是在地面对抗时，我们可以把摆拳用作佯攻的手段，待对手转移注意力以后，再用肘法实施攻击。

① 以地面缠抱上位防守姿势开始，我可以抬起右臂，做出准备用摆拳攻击对手面部的姿态（图3-90）。

图 3-90

② 由于摆拳的动作较容易被识别，所以对手无疑会抬起手臂格挡，并且会暴露出上体目标，这时我就可以收紧肘关节，径直向下砸击对手太阳神经丛（图3-91、图3-92）。

图 3-91

图 3-92

## 十、"断头台"的解脱方法

"断头台"是最为常见的降服技术之一。与其他降服技术不同的是，"断头台"的实施途径很多，在站立对抗和地面对抗时都可以使用，所以我们必须懂得基本的反击方法，以便及时解脱。

遭遇"断头台"时，一些选手会试图把头向后挣脱出来，然而大多数情况下，这样只会使自己被锁得更紧，所以正确的方法是用肩部向前顶，如此才能在一定程度上抵消对手的技术动作。

① 从遭遇"断头台"的状态开始，当对手两腿缠住我上体，并在其身体左侧锁绞我颈部时，我可以用左臂搂住对手头部，同时用右脚撑地，

以左侧肩部向前顶住对手面部（图3-93、图3-94）。

图3-93

图3-94

② 左脚跟上右脚的动作，两腿一起用力，使身体进一步向前顶住对手面部，这样可以争取到一些空间以便呼吸，同时也使我得以用右手伸进缺口抓住对手的左手（图3-95）。

图3-95

③ 右手抓住对手的左手用力向侧面掰开，解除颈部的危机（图3-96、图3-97）。

图3-96

图3-97

④ 颈部危机解除以后，立即抬起上体，这时我已经从"断头台"中解脱出来，可以向对手发动反击了（图3-98、图3-99）。

图3-98

图3-99

### 十一、"蝴蝶防守"的解脱方法

"蝴蝶防守"是处于地面下位的选手采用的一种防守姿势，要求在搂抱对手颈部或者上体的同时，把两腿伸到对手大腿内侧，用膝关节或者腿胫把对手两腿撑开，从而限制对手发挥技术动作。因其动作形似蝴蝶展翅，所以被称为"蝴蝶防守"。

对手通过"蝴蝶防守"来限制我动作的时候，由于两腿没有缠抱我，所以要想解脱并不十分困难。

① 从遭遇"蝴蝶防守"的状态开始，对手坐在地面，两手抱住我上体，两腿从内侧撑开我大腿。这时我可以先用右拳攻击对手头部，转移对手注意力（图3-100、图3-101）。

图3-100

图3-101

② 攻击对手头部以后，放低右臂，转而攻击对手侧面肋部（图3-102）。

图3-102

③ 受到连续攻击以后，对手的注意力被吸引到了上半身，无暇顾及我腿部的动作，这时我就可以迅速用右腿膝部支撑身体，左腿向后伸展，同时左手按住对手右腿膝部，并向外侧推开（图3-103、图3-104）。这样就能使腿部得到解脱。

图 3-103

图 3-104

④ 左手继续推动对手右腿，使对手身体向右滚转，然后迅速收回左腿，跪在对手腿部后侧（图3-105）。

图 3-105

⑤ 收回右腿，用右脚踏在对手背后（图3-106）。在这种情况下，对手就形成右侧贴在地面的姿势，而无法恢复"蝴蝶防守"。

图 3-106

图 3-107

⑥ 对手在侧面贴地的姿势下很难进行有效的反击，这时我即可用左手按住对手头部，抬起上体，恢复优势姿势（图3-107）。之后就可以用右拳向对手发动攻击了。

## 十二、解脱"蝴蝶防守"转为侧面压制

□虽然地面上位是优势位置，但由于对手往往会用两腿妨碍我们采取进一步的攻击，所以处于地面上位时，除了解除对手腿部的妨碍之外，我们还需要设法转到更具优势的其他位置进行压制。侧面压制就是可以考虑的目标之一。

① 以对手用两腿实施"蝴蝶防守"的状态开始，我先用右直拳攻击对手面部，吸引对手的注意力（图 3-108、图 3-109）。

图 3-108

图 3-109

② 收回右手，再次做出用直拳攻击的动作，使对手忙于防护面部，而忽略腿部的动作（图 3-110）。需要注意的是，直拳的意图并非再次攻击对手面部，而是为解脱创造条件。

图 3-110

③ 右拳下落的时候，立即转换手型，用右手撑在地面，同时借助俯身的力量用左手按住对手右腿（图3-111）。

图 3-111

④ 左手把对手右腿往其左腿方向推，使对手两腿合拢，同时沿顺时针方向摆动右腿，使右腿解脱出来（图3-112）。

图 3-112

⑤ 右脚落在左腿后侧，上体顺势滚转，压住对手上半身（图3-113）。之所以使右脚落在左腿后侧，是因为我的目标是侧面压制，这种动作便于我把身体移到对手侧面。

图 3-113

⑥ 左腿从右腿下方滑出来，使髋部尽量平贴地面，形成侧面压制的姿势（图3-114）。

图 3-114

## 第三节　地面缠抱下位的对抗技术

当MMA比赛进入地面缠抱对抗状态时，地面下位是劣势位置，容易被对手用拳法或者肘法等技术攻击，即便只是进行防守也会非常耗费体力。因此，争取地面上位永远都是首选。

要想尽可能扭转处于地面下位时的不利局面，我们需要了解的原则是：要么使对手距离我们足够远，一旦有条件，立即恢复站立姿势；要么使对手距离我们足够近，以便我们采用控制技术来降服对手；而如果对手并不擅长地面上位压制技术，我们则可以设法把对手从我们身上掀翻，解除对手的压制。其中，降服对手是处于地面下位时唯一可能赢得比赛的途径。

### 一、缠抱防守

缠抱防守是许多经历过柔术训练的选手所惯用的防守方法，这种防守方法主要讲究腿部的动作，要求处于地面下位的选手用两腿缠住对手的躯干、腰部或者大腿，从而限制对手的动作。

缠抱防守的表现形式多种多样，根据腿部的动作可以区分为两种状态，即封闭式缠抱防守和开放式缠抱防守。

#### 1. 封闭式缠抱防守

封闭式缠抱防守又称闭合式缠抱防守，即两腿缠抱对手的时候，两脚在对手背后相互钩紧（图3-115）。

图3-115

## 2. 开放式缠抱防守

开放式缠抱防守即两腿缠抱对手的时候,两脚不用钩住对手的背后,而是用腿夹住对手的腰部(图3-116)。

图 3-116

从格斗双方的相对位置来看,我们实施缠抱防守的时候,不仅会有双方贴身的情况,也会有对手上体保持直立的情况(图3-117)。

图 3-117

## 二、从缠抱防守恢复站立姿势的方法

当对手被我用缠抱防守的方法控制住时，往往会设法直起身来，然后用拳法或者肘法对我实施攻击。但从地面下位的角度来看，当对手直起身来的时候，我正好可以利用对手的动作从劣势位置解脱出来，恢复站立姿势。

① 从缠抱防守的状态开始，当对手用手按在我胸部把上体撑起来时，我顺应对手的动作故意伸展左臂，而右臂则贴在地面，准备把身体撑起来（图 3-118、图 3-119）。

图 3-118

图 3-119

② 当对手直起身来后，我就可以借助对手的动作，用左手拉住对手头部或者颈部，右臂肘部撑在地面，把自己上体撑起来（图 3-120、图 3-120 附图）。

图 3-120

图 3-120 附图

③ 伸直右臂，并迅速收回左腿，以左脚和右手撑地，使臀部离开地面，以便撤回右腿（图 3-121、图 3-121 附图）。

图 3-121

图 3-121 附图

④ 右腿从对手身后撤回，并踏在身体后侧；左手继续控制住对手颈部，以便保持距离（图 3-122、图 3-122 附图）。之所以右脚踏在对手身体后侧，是为了与对手拉开距离。

图 3-122

图 3-122 附图

⑤ 右脚站稳以后，迅速直起身来，把对手推开，恢复站立警戒势（图3-123、图 3-124）。

图 3-123

图 3-124

## 三、腿部摆动解除正面压制的方法

在缠抱防守的状态下，如果我们需要恢复站立姿势，那么除了运用以上提到的方法外，还可以通过腿部的摆动掀开对手，然后恢复站立姿势。

① 从缠抱防守的状态开始，我用左手按住对手（穿深色衣服者）左侧颈部并朝左侧推开，同时弯曲右臂，从内侧钩住对手左腿（图 3-125、图 3-125 附图）。

图 3-125

图 3-125 附图

② 伸展左臂，把对手头部推到左侧，同时右腿向左侧摆动，使对手身体倒向侧面；右臂保持弯曲，把对手左腿向外侧拨开，使对手失去平衡（图3-126、图3-127）。

图3-126

图3-127

③ 收回左腿，用左脚抵住对手左侧腋窝，把对手蹬开，解除对手对我的正面压制（图3-128）。

图3-128

④ 伸直右臂，把身体撑离地面，同时收回两腿，准备站立起来；左手抵住对手肩部，以便和对手保持距离（图3-129）。

图 3-129

⑤ 左臂保持伸展的姿势，两腿迅速站起来（图3-130）。之后就可以调整姿势，恢复站立警戒势了。

图 3-130

### 四、坐式缠抱防守

当处于地面上位的对手直起身来时，其使用降服技术的可能性就会降低，而用拳法或者肘法实施连续攻击的能力则会增加。如果我们设法坐起来，那么双方距离就缩短，即使对手仍然可以用拳法攻击，其力度将会减轻不少。而且，我们也可以趁对手用拳法攻击的时候寻求机会实施降服技术，或者推开对手，然后恢复站立姿势。所以，坐式缠抱防守不仅是我们保护自己的有效方法，而且也是连接反击技术的桥梁。

① 从封闭式缠抱防守的状态开始，我背部贴地，而对手处于上体直立的姿势（图 3-131）。

图 3-131

② 为了使背部离开地面，我可以用右臂肘部把上体撑起来，同时左手伸向对手左侧颈部（图 3-132、图 3-132 附图）。

图 3-132

图 3-132 附图

③ 左手用腕部抵住对手左侧颈部，伸直右臂作为支撑，使上体完全离开地面，形成坐式缠抱防守（图 3-133、图 3-133 附图）。之所以用左手腕部抵住对手左侧颈部，是因为这样可以防止对手用肘法攻击我面部。

图 3-133　　　　　　　　　　　图 3-133 附图

④ 形成了坐式缠抱防守，我就可以根据场上形势和不同的战术目标，采取进一步的行动。而如果想要恢复站立姿势，那么我们可以松开原来钩在一起的两脚，以左脚和右手撑地，使臀部离开地面（图 3-134）。

图 3-134

⑤ 左脚和右手继续撑地，左手把对手头部推开，右腿从对手身后收回，并踏在身体后侧（图 3-135、图 3-136）。

图 3-135

图 3-136

⑥ 右脚站稳以后，左腿立即向右腿靠拢，左手撑住对手肩部，以防对手趁机实施抱腿摔法（图 3-137）。

图 3-137

⑦ 迅速调整身体各部位的姿势，恢复站立警戒势（图 3-138）。

图 3-138

## 五、坐式缠抱防守转为骑乘姿势的方法

形成坐式缠抱防守姿势后，如果想要继续在地面进行对抗，那么可以通过翻转臀部的方法把对手压在身下，夺取优势位置，然后再向对手发动攻击。

① 从坐式缠抱防守的姿势开始，我们可以松开原来钩在一起的两脚，用左脚和右臂支撑身体，左手按住对手左侧肩部作为支点，上体用力沿顺时针方向扭转（图 3-139、图 3-139 附图）。

图 3-139

图 3-139 附图

② 由于我调动了不同的部位协调一致同时发力，对手往往会被我扑翻在地（图3-140、图3-141）。

图 3-140

图 3-141

③ 对手倒地以后，我就从缠抱防守转为了骑乘姿势，这时就可以向对手发动攻击了（图3-142）。

图 3-142

## 六、从"蝴蝶防守"解除正面压制的方法

当被对手从正面压制时，如果我形成了"蝴蝶防守"的姿势，那么就

可以用腿把对手掀开,从而解除对手的压制。

① 从"蝴蝶防守"的姿势开始,当对手准备从正面压制我时,我可以用右手搂住对手颈部,左手抓住对手右手,两腿伸到对手大腿内侧,并用脚背钩住对手大腿,把对手两腿撑开(图3-143、图3-143附图)。

图 3-143

图 3-143 附图

② 抱紧对手颈部的同时,两腿同时用力,把对手下半身向上抬离地面(图3-144、图3-145)。

图 3-144

图 3-145

③ 两腿继续向上抬高,把对手从我身上掀开(图3-146)。解除对手的压制以后,就可以采取下一步行动了。

图 3-146

## 七、从"蝴蝶防守"恢复站立姿势的方法

"蝴蝶防守"本身只是一种防守方法。使用"蝴蝶防守"制约对手进攻的时候,如果想要从守势转为攻势,我们可以先把对手从身上掀开,使其倒地,然后再实施反击。但是在MMA比赛过程中,如果我们的体力已经大量损耗,要完成这种动作就很不容易。在这种情况下,可以考虑先坐起来,形成坐式"蝴蝶防守",然后恢复为站立姿势,再继续比赛。

① 从坐式"蝴蝶防守"的姿势开始,我收起两腿,用左脚踏在地面,同时用左臂穿过对手腋下抱住对手上体,右手抓住对手左上臂(图3-147、图3-147附图)。

图 3-147

图 3-147 附图

② 右脚抵住对手左腿膝关节，用力把对手左腿蹬开，破坏对手的平衡（图 3-148、图 3-149）。

图 3-148

图 3-149

③ 以左脚和右手撑地，使臀部离开地面（图 3-150、图 3-150 附图）。

图 3-150

图 3-150 附图

④ 右脚从对手身体下方收回，并迅速站稳。左臂仍然抱住对手，防止其实施抱腿摔（图3-151）。

图 3-151

⑤ 站立起来以后，用两手把对手推开，恢复站立警戒势（图 3-152、图 3-153）。

图 3-152

图 3-153

## 八、从"蝴蝶防守"转为侧面压制的方法

以"蝴蝶防守"为基础，如果我们想要在地面对抗的状态下扭转局面，转守为攻，那么可以先坐起来，形成坐式"蝴蝶防守"，然后抱住对手的上体进行翻转，夺取优势位置。

① 从坐式"蝴蝶防守"的姿势开始，我们可以先用左脚钩住对手右腿，同时用左臂穿过对手腋下抱住对手上体，右手抓住对手左上臂（图3-154、图 3-154 附图）。

图 3-154

图 3-154 附图

② 左脚钩住对手右腿内侧向上抬，上体用力向右侧倾，同时用右手勒住对手左臂，防止对手用左臂支撑身体（图3-155、图3-155附图）。

图3-155

图3-155附图

③ 向右侧倾的同时，伸直右腿作为支撑，上体顺势向右扭转，把对手扑翻在地面（图3-156、图3-156附图）。

图3-156

图3-156附图

④ 对手倒地后，左臂仍然抱住对手上体，右手继续抓住对手左臂，同时立即调整姿势，伸展两腿，使髋部贴在地面，形成侧面压制的姿势（图3-157）。

图 3-157

## 九、格挡拳法攻击转为贴身缠抱防守

如果地面上位的对手直起身来，我们很容易遭到其拳法攻击，所以较为理想的应对方法是设法坐起来，形成坐式缠抱防守的姿势。如果对手察觉我们的意图，就会用手臂撑住我们上体，阻止我们的动作，并继续用拳进行攻击。在这种情况下，我们可以调整策略，先格挡对手的拳法攻击，同时利用对手的动作来实现贴身状态的缠抱防守。

① 从缠抱防守的状态开始，对手用两手撑住我上体，阻止我坐起来，然后收回右臂，准备用拳发动攻击（图3-158、图3-159）。

图 3-158

图 3-159

② 当对手俯身出拳时，我可以用左手由内向外格挡对手右拳，同时两腿抱住对手上体往回收（图 3-160）。这样不仅可以扰乱对手拳法的攻击路线，还可以使对手上体向前扑倒，从而缩短双方的距离。

图 3-160

③ 当对手扑倒在我身上时，我迅速用左臂由外向内钩住对手右臂，同时用右手抱住对手头部，形成贴身缠抱防守的姿势（图 3-161、图 3-161 附图）。

图 3-161

图 3-161 附图

## 十、格挡拳法攻击转为"蜘蛛防守"

"蜘蛛防守"是开放式缠抱防守的一种表现形式，要求弯曲腿部抵在对手上臂部位，同时用手配合，控制住对手手臂。其动作形态好比蜘蛛困住猎物的姿势，因此得名。

在贴身缠抱防守的状态下，如果对手用拳发动攻击，我们可以在格挡的同时，利用对手的动作形成"蜘蛛防守"。以"蜘蛛防守"为基础，可以把对手从我们身上掀开，也可以就此实施降服技术。

① 从封闭式缠抱防守的姿势开始，我方（穿上衣者）用两腿缠抱住对手，同时左手抱住对手头部（图3-162）。注意，左手应该始终抱住对手头部，以防对手直起上体发动更有力的拳法攻击。

图 3-162

② 对手收回左臂准备出拳攻击时，我立即乘势缩回右腿，用膝部或者胫部抵在对手肩部，同时伸出右手进行格挡（图3-163）。

图 3-163

③ 由于肩部动作受到阻挡，对手的拳法攻击落空，这时我就可以控制住对手的手臂，完成"蜘蛛防守"了（图 3-164、图 3-165）。

图 3-164

图 3-165

### 十一、缠抱防守时的肘法反击

防守的目的不仅仅是为了保护自己，同时还需要在防守的同时创造机会进行反击。当我们处于地面下位的时候，较为理想的应对方法是先从劣势位置解脱出来，然后再采取后续行动。而如果时机尚未成熟，也可以寻求其他的反击方法。在缠抱防守的状态下，如果对手头部疏于防范，那么我们可以考虑用肘法进行反击。

① 从缠抱防守的姿势开始，当对手伏在我们身上进行压制的时候，可以用两手把对手头部向上撑开（图 3-166、图 3-167）。

图 3-166

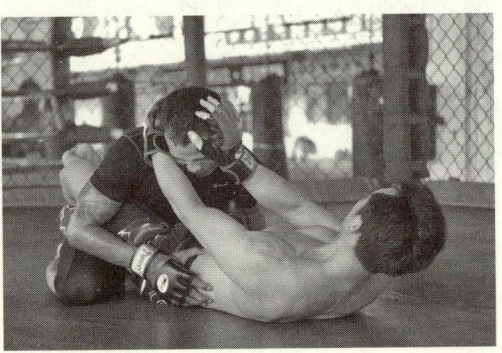

图 3-167

② 撑开对手头部以后，突然松手，然后用右肘打击对手太阳穴部位（图 3-168）。

图 3-168

③ 完成攻击以后，右手需要迅速从对手下方收回，准备采取下一步行动（图 3-169、图 3-170）。

图 3-169

图 3-170

## 十二、坐式缠抱防守时的反向锁臂

在 MMA 比赛中，我们无法每次都准确地预料对手会对我们的动作做出什么反应，所以随机应变的能力就显得尤为重要。这种能力有时候甚至可以决定胜负。

形成坐式缠抱防守姿势后，我们可以通过翻转臀部的方法把对手压在身下，从而获取地面上位。但如果对手用手撑在地面阻止我们的翻转动作时，我们可以随机应变，顺势抓住对手的手臂实施反向锁臂技术。

这里介绍的反向锁臂技术借鉴了柔术和柔道中的"逆腕缄"，即反向的"腕缄"技术。这种技术可以向对手肩部和肘部施加极大的力量，甚至会造成严重的关节损伤，所以是一项颇具威力的降服技术。据说柔道家木村政彦曾用其战胜被誉为巴西柔术奠基人的艾里奥·格雷西（Hélio Gracie）。为了纪念那次胜利，这项技术也被后人称为"木村锁"。

① 以坐式缠抱防守的姿势开始，为了获取地面上位，我方（穿上衣者）松开原来钩在一起的两脚，用左脚和右臂支撑身体，左手按住对手左侧肩部作为支点，上体沿顺时针方向扭转（图3-171、图3-171附图）。

图 3-171

图 3-171 附图

② 为了对抗我的翻转动作，对手会用左手撑在地面。在这种情况下，我立即转换策略，弯曲左臂钩住对手左臂，上体向地面靠近，用右手抓住对手左手腕部，准备实施反向锁臂技术（图 3-172、图 3-172 附图）。

图 3-172

图 3-172 附图

③ 左臂保持钩住对手左臂的状态，用左手握住右手腕，同时上体和臀部沿逆时针方向滚转，并弯曲右腿，从对手身后压住对手。左手握住对手左手腕往回拉，右手抓住对手左手腕向左推。这样一来，就形成了反向锁臂的状态（图 3-173）。对手肩部和肘部将承受极大的力量，往往会难以忍耐而认输。

图 3-173

## 十三、坐式缠抱防守时的十字固

十字固是柔术和柔道选手熟知的一项针对手臂肘关节实施的反关节控制技术，可以在地面上位或者地面下位实施。实施这项技术的时候，双方身体交叉为十字形状，因而称为十字固。"终极格斗冠军赛"著名女子选手、曾经获得2008年北京奥运会女子柔道70公斤级比赛铜牌的隆达·罗西（Ronda Rousey）就十分精于此道。

处于地面下位时，如果我们能够坐起来，那么对手可以选择的攻击方式将非常有限，所以对手通常都会尽力阻止我们坐起来。而如果我们能够熟练地运用地面技术，那么当对手用手臂撑住我们上体，试图阻止我们坐起来的时候，我们就可以利用对手的动作，抓住其手臂，用十字固技术来降服对手。

① 从地面下位缠抱防守的姿势开始，我方（穿上衣者）用右臂肘部撑住上体，左手抵住对手颈部准备坐起来，这时对手两臂伸进我内围，试图把我按回地面（图3-174、图3-175）。

图 3-174

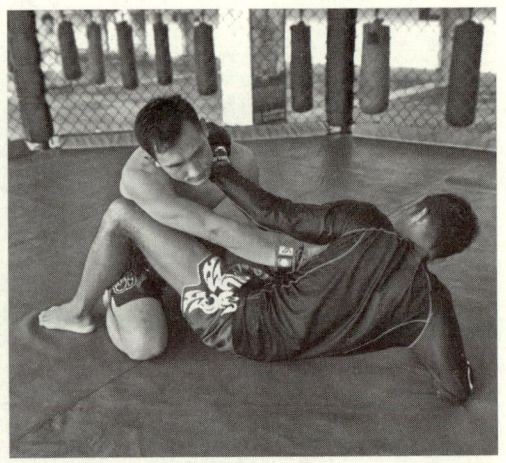

图 3-175

② 在对手按压我上体时，我可以故意倒回地面，并用右臂钩住对手左大腿内侧作为支点，把右腿抬到对手左臂腋下（图3-176）。

图 3-176

③ 左手拉住对手肩部，左腿绕过对手头部并移动到对手头部左侧，然后收回左臂和右臂，用左手和右手把对手右臂控制在胸前（图3-177）。

图 3-177

④ 两腿向下用力，把对手身体压在地面，形成十字固（图3-178）。需要注意的是，完成动作时，我应该使左腿压在对手颈部，同时并拢两腿膝部，髋部尽量向上挺，这样可以向对手肘关节施加最大的力量，增强十字固的控制效果。

图3-178

## 十四、从贴身缠抱防守实施十字固

十字固的实施条件是把对手的肘部控制在我们胸部，但是如果对手扑在我身上进行压制，而且两臂都位于我身体侧面，那么我就需要先利用腿部的动作把对手手臂顶到我胸部中央，然后再实施十字固。

① 以贴身缠抱防守的状态开始，对手（穿上衣者）贴在我身上，两臂弯曲，用肘关节夹住我身体侧面进行压制（图3-179、图3-179附图）。

图3-179

图3-179附图

② 为了实施十字固，我需要先用两手抵在对手面部左侧，把对手头部向左侧推开（图 3-180、图 3-180 附图）。

图 3-180

图 3-180 附图

③ 左手继续把对手头部向左推，右手转移到对手左腿内侧。右腿由外向内摆动，准备钩住对手上体，同时弯曲左腿膝关节顶住对手右侧上臂，并往头部方向提膝（图 3-181、图 3-181 附图）。

图 3-181

图 3-181 附图

④ 我提膝的动作会迫使对手右臂移动到我胸部中央，这时我就可以用右腿钩住对手背部，同时左手继续撑住对手头部，左腿由外向内沿逆时针方向摆动，准备压住对手颈部（图3-182、图3-182附图）。

图 3-182

图 3-182 附图

⑤ 我摆动左腿的动作起到了抵住对手右臂的作用，这时就可以抓住对手右臂，同时用左腿压住对手颈部，两腿向下用力，把对手身体压向地面，形成十字固（图3-183）。

图 3-183

## 十五、坐式缠抱防守时的三角缄

三角缄是来自柔术和柔道的称谓，用来描述利用腿部绊住对手手臂，进而锁住对手肩部的技术动作。这项技术多以缠抱防守的姿势开始实施，虽然看上去复杂，但运用起来并不算太难。

当我们准备通过翻转臀部的方法获取地面上位的时候，对手可能会抱住我们两腿，试图把我们重新摔倒在地面。这时，我们就可以摆动腿部绊住对手手臂，随即实施三角缄。

① 以坐式缠抱防守的姿势开始，为了获取地面上位，我可以松开原来钩在一起的两脚，用左脚和右臂支撑身体，左手按住对手左侧肩部作为支点，上体沿顺时针方向扭转（图3-184）。

图 3-184

② 为了把我重新摔倒在地面，对手会用两手抱住我腿部，准备向前扑倒（图3-185）。

图 3-185

③ 被对手扑倒的同时，由于对手手臂抱着我的腿部，我即可趁势由外向内摆动右腿，并弯曲右腿钩住对手左臂（图3-186、图3-187）。

图 3-186

图 3-187

④ 钩住对手左臂以后，我迅速坐起来，用右腿把对手肩部压在地面，同时把左腿滑到外侧（图3-188、图3-188附图）。

图 3-188

图 3-188 附图

⑤ 迅速弯曲右腿绊住对手左臂，收回左腿并跪起来。左臂穿过对手头部下方抱住对手，右臂从对手右臂腋下抱住对手；两手相互扣紧，形成

三角缄（图 3-189）。为了增强降服效果，完成动作的时候，我要用右腿尽量把对手肩部往下压，而髋部则尽量向上提。

图 3-189

## 十六、从"蜘蛛防守"实施三角缄

三角缄不仅可以从坐式缠抱防守的状态实施，而且也可以从"蜘蛛防守"的状态来实施。

① 以"蜘蛛防守"的姿势开始，我用左臂钩住对手右臂，左腿钩住对手上体，右手抓住对手左手，右腿胫部抵在对手肩部（图 3-190、图 3-190 附图）。

图 3-190

图 3-190 附图

② 右手抵住对手面部右侧，把对手头部推开，为左腿创造活动空间；左腿向右摆动，钩住对手肩部（图3-191、图3-192）。

图3-191

图3-192

③ 左手抓住对手右臂，右腿从对手肩部收回，移动到外侧（图3-193、图3-193附图）。

图3-193

图3-193附图

④ 右手撑地坐起来，左手从后面抱住对手上体，并以左腿把对手右肩压在地面（图3-194）。

图 3-194

⑤ 收回两腿，用右腿膝部作为支撑跪起来，并弯曲左腿绊住对手右臂（图3-195）。

图 3-195

⑥ 身体前倾，把对手肩部往地面压；右臂穿过对手头部下方抱住对手，左臂从对手左臂腋下抱住对手，两手相互扣紧，形成三角缄（图3-196）。

图 3-196

## 十七、从"蜘蛛防守"实施三角绞

三角绞是源自柔术和柔道的降服技术，要求我们两腿呈三角形锁在一起，缠住对手头部和一只手臂，利用腿部和对手肩部来阻断对手颈动脉的血液流通，迫使对手认输。这项技术几乎对任何人都非常奏效，而且可以在许多情况下使用，尤其适合用来对付处于地面上位的对手。

在MMA比赛中，降服技术是获取胜利的重要手段。因此，即便处于地面下位，只要运用得当，我们仍然有机会通过降服技术来扭转局面。当我们形成"蜘蛛防守"的姿势以后，就可以考虑使用三角绞来降服对手了。

① 以"蜘蛛防守"的姿势开始，我用左臂钩住对手右臂，左腿钩住对手上体，右手抓住对手左手，右腿胫部抵在对手肩部（图 3-197、图 3-197 附图）。

图 3-197

图 3-197 附图

② 右手抵住对手面部，把对手头部推开，为右腿创造活动空间，同时右腿从对手肩部收回，准备钩住对手颈部（图 3-198）。

图 3-198

③ 右腿向左摆动钩住对手颈部,并向下施压,右手抱住对手头部往下拉,防止对手挣脱(图3-199)。

图 3-199

④ 左腿从对手上体摆动到右腿上方,然后用左腿膝关节压住右腿踝关节(图3-200)。需要注意的是,我摆动左腿的同时,对手的右臂会被挤到其胸前。为了成功实施三角绞,我需要用右手把对手右臂拉到自己右侧。

图 3-200

⑤ 右脚翘起来，与左腿膝关节锁在一起，两腿膝关节尽量收紧，两手抱住对手头部往下拉，形成三角绞（图 3-201）。

图 3-201

## 十八、十字固转为三角绞的方法

虽然降服技术可以让我们赢得胜利，但是训练有素的对手通常也会尽力对抗我们的技术动作。所以要想成为优秀的 MMA 选手，必须懂得当一种降服技术失败以后，怎样转换为另一种降服技术。

当我们打算使用十字固的时候，需要控制住对手的一只手臂，如果对手意识到我们的动作目的，就会尽力抽回被控制的手臂。在这种情况下，我们可以立即转换为三角绞，使对手防不胜防。

① 从贴身缠抱防守的姿势开始，对手（穿上衣者）两臂弯曲，用肘关节夹住我身体侧面进行压制（图3-202、图3-202附图）。

图 3-202

图 3-202 附图

② 为了实施十字固，我用左手把对手头部向左侧推开，右手转移到对手左腿内侧，右腿钩住对手上体，左腿膝关节顶住对手右侧上臂，并往自己头部方向提膝（图3-203、图3-204）。

图 3-203

图 3-204

③ 我提膝的动作会迫使对手右臂移动到我胸部中央，这时我用左手继续撑住对手头部，左腿由外向内沿顺时针方向摆动，准备压住对手颈部实施十字固（图 3-205、图 3-205 附图）。

图 3-205

图 3-205 附图

④ 对手趁我摆动左腿的时候迅速抽出右臂，并且为了保持平衡，会用右手支撑地面，这就为我实施三角绞提供了条件（图 3-206、图3-206 附图）。

图 3-206

图 3-206 附图

⑤ 当对手用右手支撑地面时，我立即转换策略，弯曲左腿钩住对手颈部，然后用右腿膝关节压住左腿踝关节（图 3-207、图 3-207 附图）。需要注意的是，对手的左臂此时恰好横在其胸前，这是成功实施三角绞的条件之一。而为了防止对手左臂逃脱，我们需要尽量绻起身体，缩小腿部与上体之间的空间。

图 3-207　　　　　　　　　　图 3-207 附图

⑥ 左脚翘起来，与右腿膝关节稳固地锁在一起，两腿膝关节尽量收紧，两手抱住对手头部往下拉，形成三角绞（图 3-208、图 3-208 附图）。

图 3-208　　　　　　　　　　图 3-208 附图

## 十九、坐式缠抱防守时的"断头台"

形成坐式缠抱防守姿势后，我可以通过翻转臀部的方法夺取地面上位。为了阻止我的动作，对手可能会抱住我，试图把我重新压回地面，但同时，对手也会因此暴露颈部，让我有机会实施"断头台"。

① 以坐式缠抱防守的姿势开始，为了获取地面上位，我们松开原来钩在一起的两脚，用左脚和右臂支撑身体，左手按住对手左侧肩部作为支点，上体沿顺时针方向扭转（图3-209）。

② 为了阻止我们的翻转动作，对手用两手抱住我，试图借助上体的重量把我压回地面；这时，对手颈部会暴露出来，我即可弯曲左臂钩住对手颈部，左手腕部伸到对手下颌下方（图3-210、图3-211）。

图 3-209

图 3-210

图 3-211

③ 背部倒向地面，右手插进双方身体之间的空隙扣住左手腕部；两臂勒紧对手颈部，两脚相互钩紧，两腿夹住对手腰部往下拽，形成"断头台"状态（图 3-212~图 3-214）。需要注意的是，右手不能钩住对手左臂，否则容易被对手挣脱。

图 3-212

图 3-213

图 3-214

## 二十、坐式缠抱防守转为背后缠抱的方法

形成坐式缠抱防守时，如果对手用拳法或者肘法攻击，我可以向侧面

倾斜身体避开攻击,并借助对手攻击动作的惯性把对手上体拉低,然后转为背后缠抱的状态。

① 从坐式缠抱防守的姿势开始,我用右臂肘部支撑身体,左手抵住对手左侧肩部;这时对手收回左臂,准备用肘发动攻击(图3-215)。

图 3-215

② 对手用左肘攻击时,我向右倾斜身体和头部避开攻击,同时用左手抓住对手左侧肩部,借助对手攻击的惯性,把对手上体拉向地面(图3-216)。

图 3-216

③ 对手扑倒以后，我立即用右脚撑地，把髋部从对手身下移动到外侧（图 3-217）。

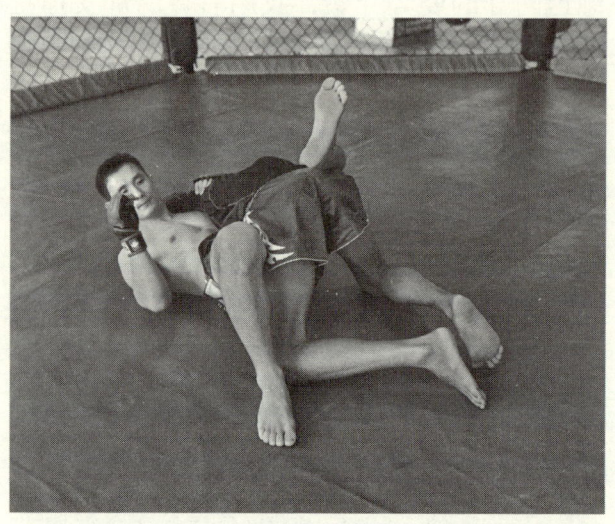

图 3-217

④ 以右脚和左臂肘部作为支撑，身体向左翻转，右手从背后抱住对手（图 3-218）。

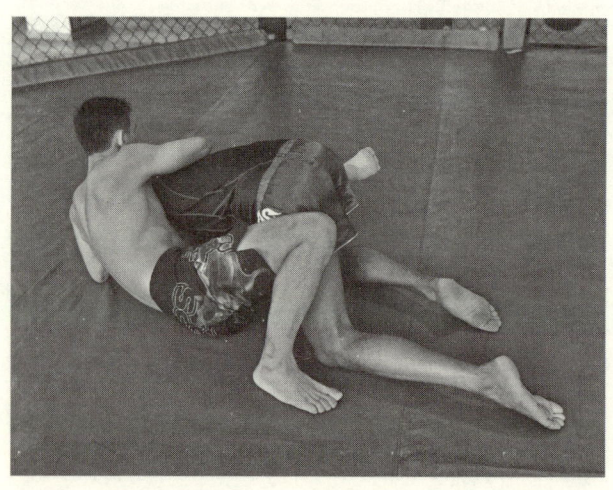

图 3-218

⑤ 身体移动到对手背部以后，抬起右腿，跨到对手右侧（图3-219）。需要注意的是，左腿应该钩住对手左腿内侧，这样有利于背后缠抱。

图 3-219

⑥ 右腿移动到对手右腿内侧，右臂从对手右侧腋下抱紧对手，防止对手挣脱（图3-220）。完成这个步骤，就形成了背后缠抱的状态。

图 3-220

## 第四节　半缠抱防守状态下的对抗技术

所谓半缠抱防守，或称半防守，是地面缠抱防守的一种表现形式，通常指处于地面下位的一方两腿缠住上位对手一条腿的地面对抗状态（图3-221、图3-221附图）。

图3-221

图3-221附图

相对于普通缠抱防守的姿势而言，这种防守姿势只完成了一半，所以谓之半缠抱防守。

从地面上位一方的角度来看，半缠抱上位的状态介于普通缠抱上位与侧面压制之间，也可以说介于普通缠抱上位与骑乘姿势之间。在这种状态下，处于上位的一方可以获得比普通地面上位更好的稳定性来实施拳法或者肘法攻击，也可以设法解脱下位一方的缠抱，转为侧面压制或者骑乘姿势。而处于下位的一方也有可能转为普通的缠抱防守，或者设法解脱对手的压制，转为地面上位。

## 一、半缠抱上位状态下的肘法攻击

当我们处于半缠抱上位的时候，如果对手头部疏于防守，那么我们可以把对手头部按在地面，用肘法实施打击。实施肘法的关键在于尽可能借助上体的重量增强攻击力度，并且以肘尖接触目标。击中目标以后，如果条件成熟，还可以就此实施控制技术。

① 以我（没有穿上衣者）处于半缠抱上位的状态开始，当对手两腿缠住我右腿时，我可以用右手挡住对手左臂，左手把对手头部按在地面，准备实施肘击（图 3-222、图 3-222 附图）。

图 3-222

图 3-222 附图

② 左手从对手头部滑开，并弯曲左臂，借助上体的重量用肘尖攻击对手左眼眶（图 3-223）。之所以攻击对手左眼眶，是因为如果以对手右眼眶作为目标，对手的本能反应是向左扭头，以后脑朝向我，而后脑是禁止攻击的部位。

图 3-223

③ 完成攻击以后，左肘顺势撑在对手面部左侧的地面（图3-224）。这时，可以根据实际需要，实施其他控制技术。

图 3-224

## 二、半缠抱上位转为骑乘姿势的方法

骑乘姿势和侧面压制的姿势都比地面缠抱状态的上位更具优势，所以只要有机会，我们应该考虑从地面缠抱上位转换为这两种姿势之一。具体如何选择，需要根据对手的反应和自己的技术特长而定。

① 以我处于半缠抱上位的状态开始，对手两手抱住我头部，两腿缠住我右腿，而我借助体重压住对手，左臂搂住对手头部，右臂从对手左侧腋下抱住对手，两手在对手左肩背后扣紧（图3-225、图3-225附图）。

图 3-225

图 3-225 附图

② 右脚蹬地，左肩顶住对手面部，然后臀部上翘，用左脚钩住对手膝关节内侧（图3-226、图3-226附图）。

图 3-226

图 3-226 附图

③ 左肩继续顶住对手面部，臀部向上抬高，用左腿把对手右腿压在地面，解除对手对我腿部的缠抱动作（图3-227）。

图 3-227

④ 左腿继续压住对手右腿，同时弯曲右腿膝关节，跨过对手左腿，使右腿转移到对手身体外侧（图3-228、图3-228附图）。需要注意的是，我的左肩仍然顶住对手面部，而且头部贴近地面，这样可以起到支撑作用，便于完成右腿的动作。

图 3-228

图 3-228 附图

⑤ 左腿从对手右腿上方移开，并使两腿胫部贴在地面，防止对手利用缺口重新恢复腿部缠抱姿势（图3-229、图3-229附图）。

图 3-229

图 3-229 附图

⑥ 两脚跟在对手腿部下方收拢，完成骑乘姿势转换（图 3-230、图3-230 附图）。

图 3-230　　　　　　　　　图 3-230 附图

## 三、半缠抱上位转为侧面压制的方法

半缠抱上位不仅可以转换为骑乘姿势，而且可以转换为侧面压制的姿势。两种转换方法的初始动作也几乎相同。

① 以我处于半缠抱上位的状态开始，对手两手抱住我头部，两腿缠住我右腿，而我借助体重压住对手，左臂从对手左肩搂住对手头部，两手在对手左臂背后扣紧（图 3-231、图 3-231 附图）。

图 3-231　　　　　　　　　图 3-231 附图

② 右脚蹬地，左肩顶住对手面部，然后臀部上翘，用左脚钩住对手膝关节内侧（图 3-232、图 3-232 附图）。

图 3-232

图 3-232 附图

③ 左肩继续顶住对手面部，臀部向上抬高，用左腿把对手右腿压在地面，解除对手对我腿部的缠抱动作。与转为骑乘姿势不同的是，为了转换为侧面压制，我需要弯曲右腿膝关节，把右腿转移到对手右侧（图 3-233）。需要注意的是，我的左肩仍然顶住对手面部，这样可以起到支撑作用，便于完成右腿的动作。

图 3-233

④ 右腿经过左腿下方移动到对手身体右侧，左腿迅速从对手右腿上方转移到地面，然后调整姿势，使两腿胫部贴在地面，髋部也尽量放平，形成侧面压制的姿势（图3-234、图3-234附图）。

图 3-234

图 3-234 附图

## 四、半缠抱防守转为背后缠抱的方法

与普通缠抱对抗的状态一样，在半缠抱防守的状态下，地面下位是劣势位置。因此，转换姿势夺取优势位置仍然是主要目标。如果能够转移到对手背后，就更容易向对手发动攻击，而对手将难以防守，也难以反击。

① 从半缠抱防守的状态开始，我（没有穿上衣者）两腿缠住对手右腿，而对手用左臂撑住我左肩（图3-235、图3-235附图）。

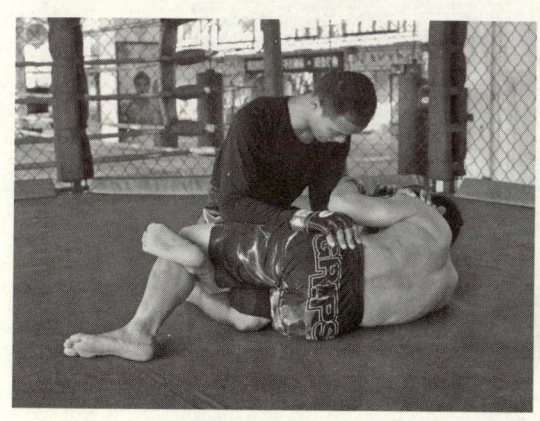

图 3-235

图 3-235 附图

② 左臂从对手右臂下方抱住对手臀部右侧，右手穿过对手左腿内侧抱住对手臀部左侧。收紧两臂，使双方身体贴在一起，防止对手干扰我的转换动作（图3-236、图3-236附图）。

图 3-236

图 3-236 附图

③ 左臂抵住对手臀部，用力把对手身体往头部方向抬，上体向右滚转，左腿钩住对手右腿（图3-237）。

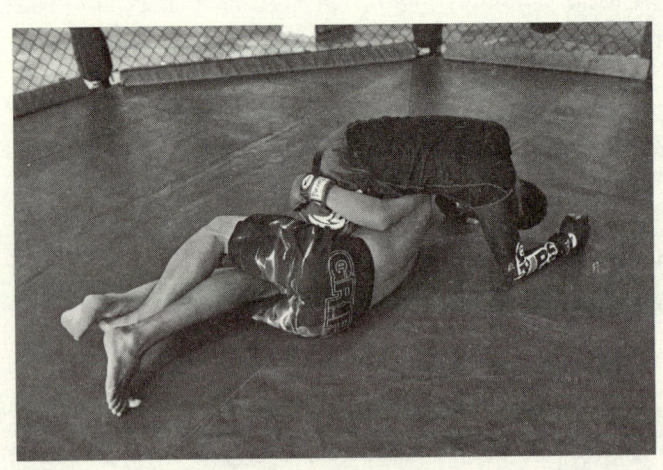

图 3-237

④ 以右臂肘部撑地，左臂抱住对手借力，上体向右翻转，从对手身下解脱出来（图 3-238）。

图 3-238

⑤ 以右腿膝部作为支撑跪起来，并用右腿取代左腿钩住对手右腿，上体继续移动到对手背面，左腿准备跨到对手左侧（图 3-239）。

图 3-239

⑥ 左腿跨到对手左侧，并从内侧钩住对手左腿，上体压在对手背部，两手环抱对手上体，形成背后缠抱的姿势（图 3-240、图 3-240 附图）。

图 3-240

图 3-240 附图

## 五、半缠抱防守转为侧面压制的方法

从半缠抱防守转为背后缠抱的过程中，如果对手意识到我的战术目的，那么就会努力阻止我翻转到其背面。遇到这种情况，我可以立即改变策略，转为侧面压制。

① 从半缠抱防守的状态开始，我（没有穿衣服者）用左臂从对手右臂下方抱住对手臀部右侧，右手穿过对手左腿内侧抱住对手臀部左侧，用力把对手身体往头部方向抬，同时弯曲左腿，钩住对手右腿（图 3-241）。

图 3-241

② 当我们上体从对手身下解脱出来，准备转移到对手背面时，对手用右臂钩紧我们左臂，并借助体重压住我，阻止了我的动作（图3-242）。

图 3-242

③ 我立即转换策略，上体靠回地面，并顺势向左滚转（图3-243）。

图 3-243

④ 弯曲左腿顶住对手右腿后侧，配合两臂，用力把对手掀翻在我左侧（图 3-244）。

图 3-244

⑤ 掀翻对手以后，我立即顺势向左滚转压住对手，形成侧面压制的姿势（图 3-245、图 3-246）。

图 3-245

图 3-246

## 第五节　侧面压制状态下的对抗技术

所谓侧面压制，也被称为半骑乘姿势，是指处于地面上位的一方从下位对手身体侧面实施控制技术进行压制的地面对抗状态。

实施侧面压制的时候，典型的姿势是借助体重压住对手上体，使双方身体形成近乎垂直的角度，膝部顶住对手身体侧面，两手缠抱住对手（图3-247、图3-247附图）。

图 3-247

图 3-247 附图

在 MMA 比赛中，为了配合不同的战术运用，两腿可以向后伸展，并用脚尖作为支撑，而手臂可以压在对手胸部或者咽喉部位。

与先前介绍的地面对抗姿势一样，侧面压制也有上位和下位之分。如果我们处于侧面压制的上位，那么既可以实施降服技术，也可以用拳法、肘法甚至膝法打击对手。然而，任何对手都不会躺在地面任人摆布，相反还会努力尝试从劣势位置解脱出来，所以为了获得更大的优势，有的选手还会选择从侧面压制转换为骑乘姿势。而如果处于下位，那么可选择的余地就很有限，虽然也可能找到机会实施降服技术，但更多选手会寻找机会形成缠抱防守，或者设法恢复站立姿势。

## 一、侧面压制状态下的拳法攻击

虽然侧面压制可以为降服技术提供良好的条件,但降服技术并非是获取胜利的唯一手段。如果条件允许,我们也可以考虑用拳打击对手,这样不仅可以消耗对手的体力,为运用降服技术创造更好的条件,而且还有可能直接击溃对手赢得胜利。

①从侧面压制的状态开始,我用左臂抱住对手头部,右臂从对手左臂下方钩住对手肩部,两手扣在一起,而对手两臂抱住我上体,阻碍我实施打击(图3-248)。

图 3-248

②为了给拳法攻击创造空间,我从对手头部下方抽出左臂,然后用左手腕抵住对手右侧下颌用力推,使对手头部转向左侧,同时也使对手松开两手(图3-249)。

图 3-249

③ 对手松手以后，我立即收回左臂，用左手把对手右臂按在地面，然后把左腿缩到左臂下方，准备用左腿压住对手右臂（图 3-250）。

图 3-250

④ 收紧左腿膝关节，并穿过与对手身体之间的空隙，用左腿胫部压住对手右侧上臂（图 3-251）。

图 3-251

⑤ 右手继续控制住对手左肩，同时收回左臂，准备用拳攻击对手（图3-252）。

图 3-252

⑥ 肩部沿顺时针方向扭转，用左拳由上而下攻击对手面部（图3-253）。在这种情况下，对手很难进行有效的防守。而如果我们能够连续向对手头部施以重击，很有可能就此击溃对手赢得胜利。

图 3-253

## 二、侧面压制状态下的肘法攻击

当我们从侧面压制住对手的时候，如果实施降服技术的条件尚未成熟，那么除了用拳攻击对手之外，还可以考虑用肘法或者膝法削弱对手的抵抗力。

① 从侧面压制的状态开始，我（没穿上衣者）向后伸展两腿，从对手右侧压住对手上体（图3-254、图3-254附图）。

图3-254

图3-254附图

② 右手伸到对手左侧，准备按住对手左臂，同时收回右腿，用膝部抵在对手髋部右侧，防止对手扭转身体摆脱控制（图3-255、图3-255附图）。

图3-255

图3-255附图

③ 右手按住对手上臂靠近肘关节的位置，然后以右腿膝关节作为支撑，伸直左腿和右臂。这样既可以把身体撑起来，又可以把对手左臂控制在地面（图 3-256）。需要注意的是，左手应该按住对手面部，防止对手扭头避开攻击。另外，右手虎口应该朝向对手左臂的手掌方向，这样即使发生滑动，也能保持去控制局面。

图 3-256

④ 左手从对手面部滑开，同时弯曲左臂肘关节，借助体重，用肘尖攻击对手右侧眼眶（图 3-257）。

图 3-257

⑤ 完成攻击以后，左肘落在对手面部左侧，上体重新压住对手，恢复为侧面压制的初始状态（图 3-258）。

图 3-258

## 三、侧面压制状态下对头部的膝法攻击

从侧面压制住对手时，不仅可以用肘实施攻击，也可以用膝攻击对手。如果用膝击中对手头部，很可能还会取得决定性的胜利。以对手头部作为膝击目标时，我们应该用距离对手头部最近一侧的膝关节进行攻击。而且为了增强攻击力度，需要尽可能地借助重力的作用实施膝击。

① 从侧面压制的状态开始，向后伸展两腿，从对手右侧压住对手上体，右手抵在对手髋部右侧（图 3-259、图 3-259 附图）。

图 3-259

图 3-259 附图

② 收起右腿，两手撑地，以右腿膝关节作为支点，把臀部和左腿抬起来；重心前移，让头部贴近地面，同时用左臂抵在对手面部左侧，防止对手逃脱（图3-260）。

图 3-260

③ 左腿向后抬高，以便利用重力实施攻击（图3-261）。

图 3-261

④ 弯曲左腿膝关节，借助左腿下落的力量攻击对手右侧面部（图 3-262）。

图 3-262

⑤ 完成攻击以后，放低臀部，使髋关节平贴地面，恢复侧面压制的状态（图 3-263）。

图 3-263

## 四、侧面压制状态下对上体的膝法攻击

在侧面压制的状态下，用膝攻击对手上体不一定能取得决定性的胜利，但这仍然是一种消耗对手体力的有效手段。当对手疲于应对攻击的时候，我们就可以转而实施降服技术，或者也可以转换为骑乘姿势，继续打击对手。与攻击对手头部不同的是，如果选择以对手上体作为目标，我们就应该用接近对手腿部一侧的膝关节进行攻击。

① 以侧面压制的状态开始，向后伸展两腿，从对手右侧压住对手上体，右手抵在对手髋部右侧（图3-264、图3-264附图）。

图3-264

图3-264附图

② 两手撑在地面，以左腿膝关节作为支点，把身体撑起来，同时右腿向后伸展，准备实施膝击（图3-265）。

图3-265

③ 弯曲右腿膝关节，借助右腿下落的力量攻击对手上体右侧（图3-266）。

图 3-266

④ 完成攻击以后，放低臀部，恢复侧面压制的初始姿势（图3-267）。

图 3-267

## 五、侧面压制时的反向锁臂

被称为"木村锁"的反向锁臂技术是MMA比赛中使用率较高的降服技术之一，其表现形式多种多样，不仅可以在缠抱防守的状态下使用，而且也可以在实施侧面压制的过程中使用。

实施反向锁臂技术的基础是控制住对手的手臂。当我们从侧面压制住对手的时候，为了从劣势位置解脱出来，对手可能会用一只手臂挡在胸前，试图把我推开，这时我就可以把握时机，抓住对手的手臂实施降服技术。

① 以侧面压制的状态开始，我向后伸展两腿，从对手（穿深色上衣者）右侧压住对手上体；左臂肘部抵在对手面部左侧，防止对手逃脱。为了把我们推开，对手弯曲右臂挡在胸前（图3-268、图 3-268 附图）。

图 3-268

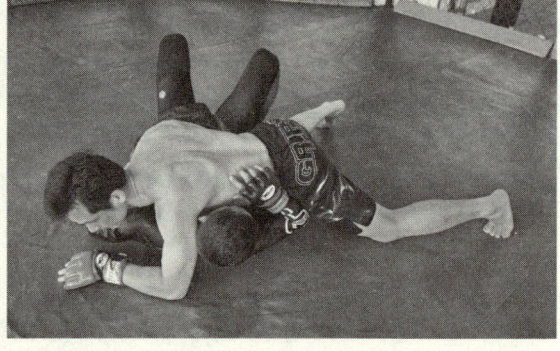
图 3-268 附图

② 为了控制住对手左臂，我们需要把左腿移动到右腿下方，上体翻转为左侧向下压住对手的姿势，使右手得以抓住对手左手腕（图 3-269、图 3-269 附图）。

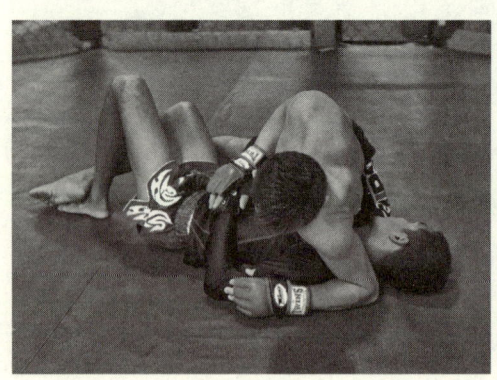
图 3-269

图 3-269 附图

③ 右手把对手左臂从胸前移开，左臂钩进对手左臂内侧（图 3-270、图 3-270 附图）。

图 3-270

图 3-270 附图

④ 左手按住右手腕，两手配合，把对手左臂压在地面。左腿从右腿下方滑出来，恢复侧面压制的初始姿势（图 3-271、图 3-271 附图）。

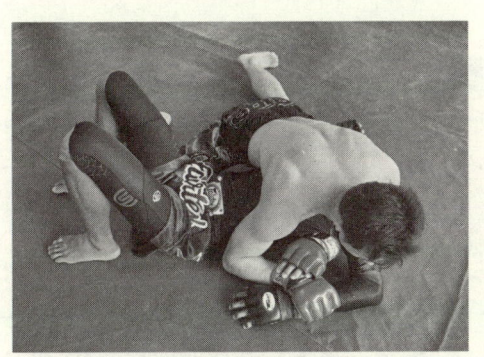

图 3-271

图 3-271 附图

⑤ 两手继续控制住对手左臂，伸展右腿，左腿跨到对手头部左侧（图3-272、图3-272附图）。

图3-272

图3-272附图

⑥ 左脚蹬地，上体翻转为右侧向下的姿势，同时借助上体翻转的力量，用左臂肘关节钩住对手左臂向上抬高，左手按住对手左手腕向下压，形成反向锁臂的状态（图3-273、图3-273附图）。在这种情况下，对手左肩关节将承受极大的力量，而且很难解脱。

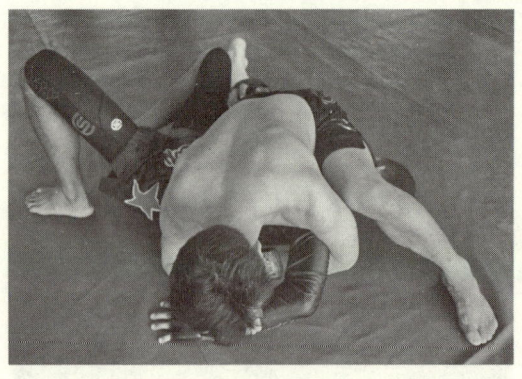

图3-273

图3-273附图

## 六、侧面压制时的正向锁臂

所谓正向锁臂,是相对于"反向锁臂"而言的称谓,其实质即柔术或柔道中的"腕缄"技术。从动作形态来看,被称为"木村锁"的反向锁臂技术可以看作是反向的"腕缄",而"腕缄"也就相当于反向的"木村锁"。

正向锁臂和反向锁臂都是利用杠杆原理对上肢实施的降服技术,都可以造成严重的关节损伤,所以在练习时需要放慢动作,以便训练伙伴及时反馈,避免受伤。

与反向锁臂的技术一样,实施正向锁臂的时候,需要根据双方的相对位置来区分左手和右手的动作。如果我们从对手右侧压制对手,那么就用左手抓住对手左手腕;而如果从对手左侧实施正向锁臂,就需要用右手抓住对手右手腕。

① 从侧面压制的状态开始,我从对手右侧压制对手;为了便于控制住对手左臂,我们需要把上体翻转为背部朝向对手腿部的姿势压住对手;两腿打开保持平衡,右臂肘部抵在对手髋部左侧,防止对手逃脱(图3-274)。

图 3-274

② 左手抓住对手右手腕，把对手右臂移到我两腿之间，同时抬起左腿，准备钩住对手右臂（图3-275）。

图 3-275

③ 左腿膝关节钩住对手右臂，然后向后收腿，控制住对手右臂（图3-276）。

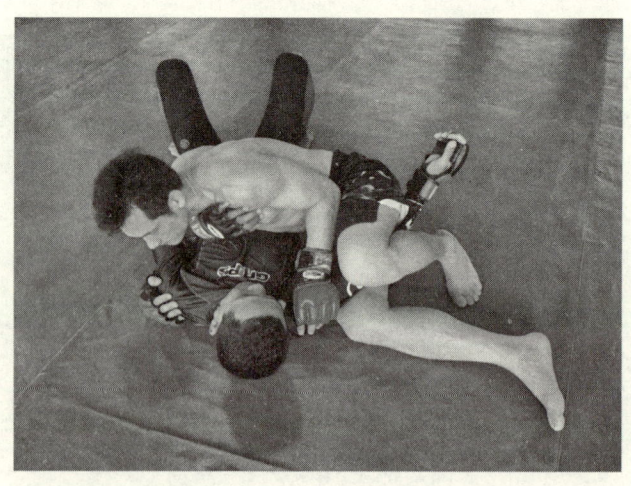

图 3-276

④ 右臂肘关节钩住对手左臂，左手准备转移到对手左手腕内侧（图 3-277）。

图 3-277

⑤ 转动髋部，使髋部放平，上体随之转为平贴对手的状态。左手按住对手左手腕，右手钩住对手左肘（图 3-278）。

图 3-278

⑥ 右手按住左手腕，两手借助上体的重量把对手左手腕压在地面；两臂往我身体方向收紧，右臂以左手腕作为支点，用肘关节钩住对手左臂向上撬，形成锁臂的状态（图 3-279、图 3-279 附图）。

图 3-279

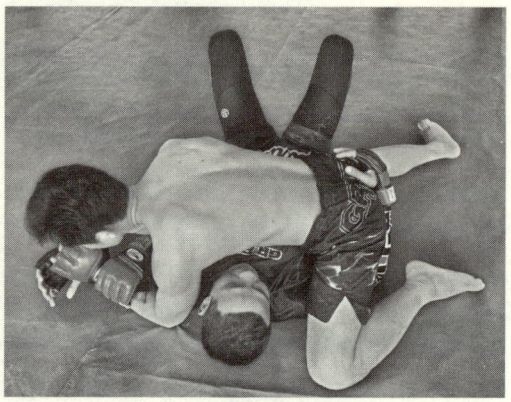

图 3-279 附图

## 七、侧面压制转为骑乘姿势的方法

在地面对抗的状态下，位置和姿势对于选手的技术发挥起着至关重要的作用。更好的位置意味着更大的优势。

虽然侧面压制上位已经是优势位置，但是骑乘姿势可以为我们打击对手和实施降服技术提供更灵活的选择。因此，即使可以从侧面压制的状态下实施降服技术，但一些熟悉地面技术的选手还是更愿意把侧面压制当作一种过渡姿势，一旦找到机会就转换为骑乘姿势。

如果对手不擅长地面技术或者防守有所松懈，那么我们只需控制住对手上体，然后直接从侧面压制的位置跨过对手身体，就可以形成骑乘姿势，这种简单的转换方法几乎不需要过多说明。但如果对手接受过地面技术的训练，很可能会利用腿部阻碍我的动作。在这种情况下，我们就需要运用一点技巧，才能完成转换动作。

① 以侧面压制的状态开始，我从对手（穿上衣者）左侧压住对手上体，准备转为骑乘姿势。而对手把右腿搭在左腿上，试图阻碍我们的动作（图 3-280、图 3-280 附图）。

图 3-280

图 3-280 附图

② 为了便于跨过对手身体，我要用左手把对手右腿压低（图 3-281、图 3-281 附图）。

图 3-281

图 3-281 附图

③ 压低对手腿部以后，立即抬起左腿，准备跨过对手上体（图 3-282）。

图 3-282

④ 左腿迅速跨过对手身体，然后两膝跪地，两脚在对手腿部下方合拢，确保稳固的姿势，这样就完成了整个转换动作（图 3-283）。

图 3-283

## 八、侧面压制转为跪式骑乘的方法

所谓跪式骑乘，是指单腿跪在对手腹部或者胸部的姿势。虽然这种姿势常被看作侧面压制与骑乘姿势之间的过渡姿势，但从技术发挥的角度来看，跪式骑乘姿势与标准骑乘姿势效用相当。许多在标准骑乘姿势下运用的击打技术和降服技术，同样也可以在跪式骑乘姿势下运用。

在 MMA 比赛中，跪式骑乘姿势可以为战术运用提供灵活的选择。如果遇到擅长地面技术的对手，我们可能很难直接从侧面防守迅速转换为骑乘姿势。在这种情况下，可以先形成跪式骑乘姿势，待时机成熟再过渡为标准的骑乘姿势。而如果场上形势发生转变，我们也可以从跪式骑乘恢复为侧面压制的姿势，继续保持地面上位的优势。

① 以侧面压制的状态开始，我向后伸展两腿，从对手右侧压住对手上体（图 3-284）。

图 3-284

② 右手按住对手腹部，左手抵住对手咽喉，两手同时用力，把上体撑起来（图3-285）。

图3-285

③ 伸直两臂，同时弯曲右腿，用膝部或者腿胫跪在对手腹部，形成跪式骑乘的姿势（图3-286）。

图3-286

④ 形成跪式骑乘姿势以后，即可左右开弓，用拳连续攻击对手头部，待时机成熟便转为骑乘姿势（图 3-287、图 3-288）。

图 3-287

图 3-288

## 九、侧面压制下位转为缠抱防守的方法

在地面对抗的状态下，不管对手用怎样的姿势压住我，下位始终都是劣势位置。如果对手从侧面压住我，最理想的应对方式就是转为上位，或者设法恢复站立姿势。而如果暂时不能实现这两个目标，那么我们可以先转为相对容易实现的缠抱防守状态，因为从地面下位的角度来看，缠抱防守可以为我们扭转劣势提供更多的可能性。

① 以对手（穿上衣者）从我右侧实施压制的状态为例，为了转为缠抱防守，我可以先弯曲左腿，用左脚踩在地面（图 3-289）。

图 3-289

② 左脚撑地，两手抵住对手髋部两侧，臀部向后缩，使双方身体隔开足够距离，为右腿活动创造空间（图 3-290）。

图 3-290

③ 弯曲右腿，把右腿膝关节移动到对手身体左侧，然后抬起髋部，用左腿钩住对手上体（图 3-291、图 3-291 附图）。

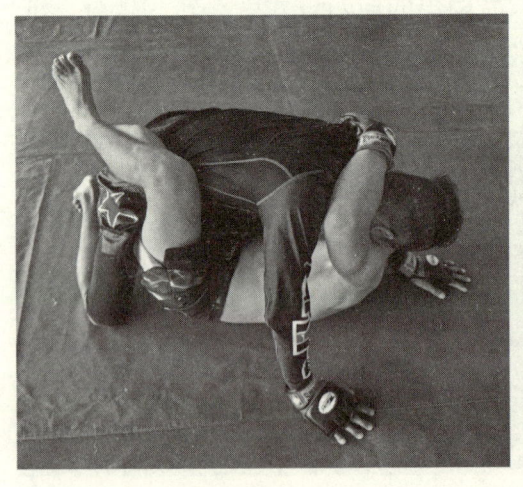 

图 3-291　　　　　　　　　　图 3-291 附图

④ 左手抱住对手颈部，臀部向右侧滑动，把右腿从对手身体下方撤出来（图 3-292、图 3-292 附图）。

图 3-292

图 3-292 附图

⑤ 左手继续抱住对手颈部，摆动右腿钩住对手上体，并使右脚搭在左脚上，两脚相互钩紧，形成缠抱防守的姿势（图 3-293）。

图 3-293

## 十、从侧面压制下位恢复站立姿势的方法

当我们处于侧面压制下位的时候，虽然也能找到机会实施降服技术，但是可选择的余地毕竟很有限，而且还要提防对手的攻击。因此，当被对手从侧面压制时，一些MMA选手更倾向于设法恢复站立姿势，然后再继续比赛。

① 以对手从我右侧实施压制的状态为例，为了恢复站立姿势，我可以先弯曲左腿，用左脚踩在地面（图3-294）。

图3-294

② 左脚撑地，两手抵住对手髋部两侧，臀部沿逆时针方向从对手身下滑出来（图3-295）。

图3-295

③ 身体向右翻转，使上体和髋部朝向地面（图3-296）。

图 3-296

④ 为了防止对手趁机压在我身上转为背后缠抱，我迅速以右腿膝关节作为支撑，收回左腿，准备站起来（图3-297、图3-298）。

图 3-297

图 3-298

⑤ 左脚站稳以后，右脚也立即站起来，并调整身体各部位的姿势，恢复为站立警戒势（图 3-299）。

图 3-299

## 第六节　骑乘状态下的对抗技术

所谓骑乘，是指处于地面上位的一方跨骑在下位一方腹部或者胸部的状态。骑乘姿势是许多具备巴西柔术训练背景的选手青睐的地面对抗姿势，因为骑在对手身上的时候，我们可以实施多种类型的降服技术和击打技术，而对手却很难进行有效的反击。

在 MMA 比赛中，骑乘姿势可以有多种表现形式：

① 贴身骑乘：如果想要获得最佳的稳定性，我们可以完全扑在对手身上，并用手臂抱住对手头部，同时寻找机会运用降服技术（图3-300）。

图 3-300

② 压颈骑乘：如果打算用拳法攻击对手，我们可以用一只手抵住对手颈部，另一只手实施攻击（图 3-301）。在打击对手的同时，也可以根据对手的反应来选择适当的降服技术加以应用。

图 3-301

③ 直立骑乘：如果希望在攻击对手的同时获得更好的灵活性，我们可以直起上体，使两手处于完全自由的状态（图3-302）。在这种姿势下，不仅可以用拳攻击对手，而且可以实施降服技术，甚至还可以设法转为背后缠抱的状态。但需要注意的是，这时我们的重心相对偏高，必须提防对手通过破坏我们的平衡找机会逃脱。

图3-302

对于上位一方来说，进入骑乘状态以后，保持姿势的稳固是很重要的，因此需要尽量放低髋部，利用体重压在对手身上，使对手难以正常呼吸，同时用两腿钩住对手腿部，防止对手逃脱。而在发动攻击的时候，可以采取多种技术相互配合的策略，增加攻击的成功率。

对于下位一方来说，如果被对手骑在身上，情况将会极为被动，不仅容易遭到对手攻击，而且也将消耗大量体力。所以，一旦处于骑乘下位，我们必须要立即设法解脱。

## 一、解除颈部缠抱转为肘法攻击

进入骑乘状态以后，如果对手两臂缠抱住我颈部，那么我们不仅难以实施有力的攻击,而且还容易让对手翻转为上位。遇到这种情况,我们首先需要为攻击动作创造活动空间,然后再实施打击对手。

① 从贴身骑乘的状态开始,对手两臂分别绕过我右侧肩部和左侧腋下,两手相扣抱住我颈部,阻止我直起上体(图3-303)。

图 3-303

② 为了创造活动空间,我们先用左手撑在地面,右手伸进双方身体之间的空隙,用手掌把对手下颌顶开(图3-304)。

图 3-304

③ 伸开右手掌按住对手面部，把对手头部压向地面，使对手松开原来扣在一起的两手（图3-305）。

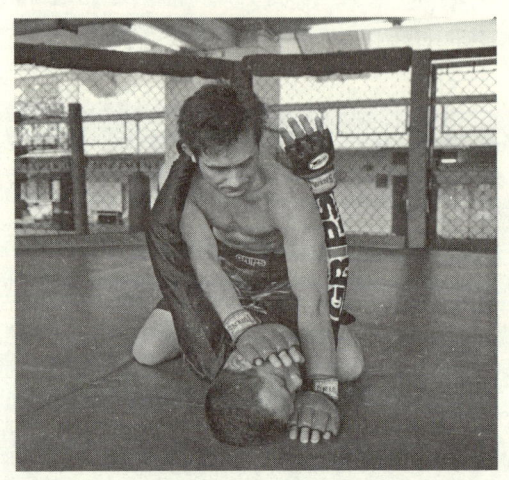

图3-305

④ 左手替换右手，把对手头部按在地面，准备用右肘发动攻击（图3-306）。

图3-306

⑤ 收回右臂，并直起上体，然后借助身体的重量，用右肘攻击对手面部（图3-307、图3-308）。完成攻击以后，我们既可以用同样的方式继续攻击对手，也可以根据场上形势选择适当的降服技术加以实施。

图 3-307

图 3-308

## 二、解除上体缠抱转为肘法攻击

对于处于下位的选手来说，缠抱是一种很好的防守策略，因为对手被缠抱的时候难以使打击力量最大化。当我骑在对手身上的时候，如果对手从我腋下抱住我上体，那么在MMA规则允许的范围内，我将难以实施有威胁性的打击。所以和颈部被缠抱的情况一样，我需要先创造足够的活动空间，然后才能实施攻击。

① 从贴身骑乘的状态开始，对手两臂分别从我两侧腋下抱住我上体，使我难以发动有力的攻击（图3-309）。

图 3-309

② 为了创造活动空间，我先用左手把身体撑起来，同时把右手移到对手面部，准备把对手头部压向地面（图3-310）。

图 3-310

③ 用力伸直右臂，把对手头部压向地面，迫使对手松手，解除缠抱状态（图3-311）。

图 3-311

④ 左手替换右手抵住对手颈部，收回右手，准备实施肘击（图 3-312）。

图 3-312

⑤ 弯曲右臂肘关节，借助上体的重量用肘尖攻击对手面部（图 3-313）。另外也可以用拳法实施打击。

图 3-313

### 三、骑乘状态下的拳肘组合攻击

当我骑在对手身上时，为了避开攻击，对手会左右摆动头部，使我不能轻易击中目标。在这种情况下，我可以用一只手压在对手颈部，然后再根据自己擅长的技术，用直拳或者砸拳打击对手面部。而如果条件允许的话，也可以用肘法进行攻击。

不过，即便拳肘组合攻击的方法有可能重创对手，但对手也绝不会躺在地面让我任意攻击，相反还会尝试破坏我的平衡，以便从劣势位置解脱出来。所以实施拳法或者肘法攻击的时候，我们还需要随时注意调整平衡，并随时准备根据场上形势的变化实施降服技术，或者转为背后缠抱的姿势。

① 从骑乘状态开始，实施攻击之前，我可以伸直左臂，用虎口抵在对手颈部，并借助体重用力下压（图3-314）。这样既可以防止对手摆动头部避开攻击，也可以切断对手的正常呼吸。

② 抬起右臂，以砸拳或者直拳打击对手左眼眶（图3-315、图3-316）。

图 3-314

图 3-315

图 3-316

③ 收回右臂，借助上体下俯的动作，用肘尖打击对手左眼眶（图 3-317、图 3-318）。

图 3-317

图 3-318

④ 再次收回右臂，随即用直拳打击对手左眼眶（图 3-319、图 3-320）。需要注意的是，我们每次攻击都要针对同一处目标，这样可以使攻击效果最大化。

图 3-319

图 3-320

## 四、拳法攻击转为十字固

骑乘上位被许多MMA选手视为最佳的地面对抗位置,因为除了拳法和肘法等击打技术以外,还可以运用多种降服技术。

在骑乘状态下,十字固是最常用也是最有效的降服技术之一,尤其适合对付不熟悉地面技术的对手。如果对手缺乏系统的地面技术训练,那么当我们骑在对手身上用拳攻击的时候,其本能反应往往是伸出手臂试图把我们推开,这就为我们使用十字固提供了机会。

① 从骑乘状态开始,我可以伸直左臂,用虎口抵在对手颈部,并借助体重用力下压(图3-321)。

② 收回右臂,然后用右拳攻击对手左眼眶(图3-322、图3-323)。

图3-321

图3-322

图3-323

③ 当我们再次抬起右臂时，出于本能反应对手会伸出两臂，试图进行格挡（图 3-324）。

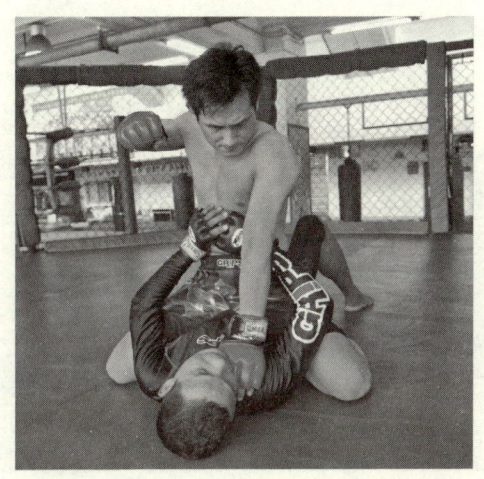

图 3-324

④ 对手伸出手臂时，我立即收起左腿，用左脚踩在地面，同时沿逆时针方向转动髋部，并用右手控制住对手左臂，防止对手缩手（图 3-325、图 3-325 附图）。

图 3-325

图 3-325 附图

⑤ 右腿迅速跨过对手头部踩在地面，臀部坐在对手左肩，防止对手逃脱（图3-326）。

图3-326

⑥ 右手钩住对手左臂，使对手左臂贴近我胸部，上体准备倒向地面（图3-327、图3-327附图）。

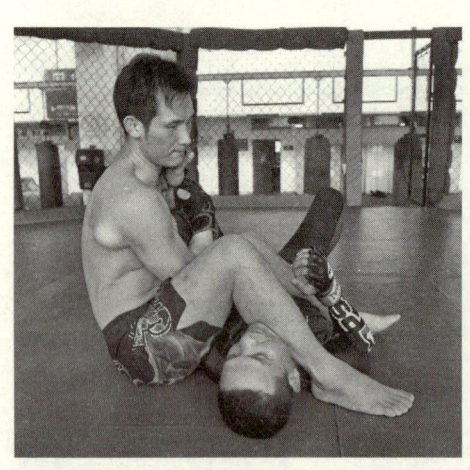 

图3-327　　　　　　　　图3-327附图

⑦ 上体倒向地面，两手抓紧对手左臂拉到我胸部，并把对手左臂扭转为肘关节内侧朝上，拇指朝下的状态，然后合拢两腿膝部，髋部向上挺，这样可以发挥十字固的最大效果（图3-328、图3-328附图）。

图 3-328

图 3-328 附图

## 五、拳法攻击转为正向锁臂

柔术和柔道中称为"腕缄"的正向锁臂技术是骑乘状态下最基础的降服技术之一。正如之前所述，这种技术可以造成严重的关节损伤，所以在练习时需要放慢动作，避免训练伙伴受伤。

当我们骑在对手身上用拳进行攻击的时候，要根据对手的反应来选择适当的后续技术。如果对手伸出手臂，我们就有机会使用十字固。而如果对手用两手护住头部，我们则可以用正向锁臂的技术来降服对手。

① 从骑乘姿势开始，我用左拳发动攻击，而对手则用两手护住头部（图3-329）。

图 3-329

② 虽然我们可以左右交替地用拳继续攻击对手，但地面对抗的基本原则之一是只要有机会，就实施降服技术，所以这时应立即调整策略，用右手抓住对手右手腕（图3-330、图3-330附图）。

图 3-330　　　　　　　　　　　图 3-330 附图

③ 借助上体的重量，用右手把对手右臂压在地面（图3-331、图3-331附图）。

图 3-331　　　　　　　　　　　图 3-331 附图

④ 右手肘关节擦过对手面部撑在地面，同时左手插进对手右臂下方的空隙，准备配合右手实施锁臂（图 3-332、图 3-333）。

图 3-332

图 3-333

⑤ 左脚撑地，使身体重心向右侧偏转，同时用左手握住右手腕，两手一起用力，把对手右手腕压在地面，并通过杠杆作用，用左臂把对手右臂肘关节向上撬起来，这样可以最大限度地发挥锁臂的效果（图 3-334、图3-334 附图）。

图 3-334

图 3-334 附图

## 六、拳法攻击转为肩固

肩固也被称为手臂三角绞，是借鉴自柔道的一种降服技术，要求我们用手臂勒住对手头部和一只手臂，从而阻断对手颈动脉的血液流通，迫使对手认输。

当我骑在对手身上用拳进行攻击的时候，如果对手用两手护住头部，那么除了正向锁臂的技术之外，我们还可以运用肩固来降服对手。

① 从骑乘姿势开始，我用右拳发动攻击，这时对手会弯曲两臂肘关节护住头部（图3-335、图3-336）。

图 3-335

图 3-336

② 收回右臂，做出再次用拳攻击对手面部的姿态，同时用左手挤进对手两肘之间，压住对手颈部（图3-337）。

图 3-337

③ 右拳下落的时候，立即转换手型，用右手把对手左臂推向其颈部，同时上体向对手左侧前倾（图 3-338、图 3-339）。

图 3-338

图 3-339

④ 左臂从对手颈部下方的空隙穿过，抱住对手头部，右手与左手相互握紧，同时收紧两臂，并用头部抵在对手头部左侧，防止对手左臂挣脱（图 3-340）。

图 3-340

⑤ 左腿从对手身体右侧移开，准备转移到对手左侧（图3-341、图3-341附图）。需要注意的是，转移到对手左侧之前，必须先确保两臂勒紧对手，否则对手可能会在我移动左腿的时候逃脱。

图 3-341

图 3-341 附图

⑥ 身体转移到对手左侧，髋部平贴地面，借助体重压住对手，同时尽量收紧两臂，迫使对手认输（图3-342、图3-342附图）。

图 3-342

图 3-342 附图

## 七、骑乘状态下的三角绞

虽然从地面下位实施三角绞的情况更为常见,但事实上,三角绞也可以在骑乘状态下运用,而且比想象中的容易。

① 从贴身骑乘的状态开始,我用右臂抱住对手头部,左臂撑在地面保持稳定(图3-343)。

② 右腿移动到对手左侧腋下,抵住对手左臂。左手把对手右臂按在地面,然后伸展左臂,使身体向右略微倾斜(图3-344)。

图 3-343

图 3-344

③ 左脚越过对手左臂，踩在对手头部右侧，然后用右手握住左脚踝关节（图3-345）。

图3-345

④ 用右臂肘部把对手头部向上抬离地面，然后迅速用左腿钩住对手头部（图3-346）。

图3-346

⑤ 身体向左倾斜，右腿摆动到左脚前方（图 3-347）。

图 3-347

⑥ 右腿膝关节钩住左脚，然后迅速向后收回右腿（图 3-348、图 3-348 附图）。

图 3-348

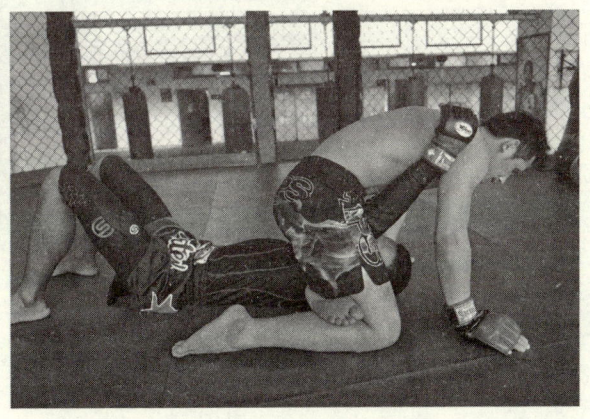

图 3-348 附图

⑦ 右手抓住对手左手向左推，使对手左臂横在其颈部（图 3-349、图3-350）。

图 3-349

图 3-350

⑧ 两手抱住对手头部向上拉抬，形成三角绞（图 3-351）。

图 3-351

## 八、骑乘姿势转为背后缠抱的方法

当我们骑在对手身上，用肘法或者拳法攻击对手面部时，对手会全力进行防守，其中常见的一种动作就是扭转身体，用上体的侧面甚至背面朝向我。虽然这种动作可以在一定程度上保护面部，但也让我有机会借此转为背后缠抱。

从骑乘姿势转为背后缠抱的时候，需要快速地完成转换，否则对手可能会通过转体的动作破坏我的平衡。而如果对手重新扭转身体，回到背部贴地的状态，那么我们也应该恢复为骑乘姿势，确保上位优势。

① 从骑乘姿势开始，我用左手抵在对手颈部，然后用右肘向下攻击对手面部（图 3-352、图 3-353）。

图 3-352

图 3-353

② 为了避免面部再次受到打击，对手向右扭转身体，我可以把臀部略微抬起来，故意让对手完成转体的动作（图 3-354）。

图 3-354

③ 当对手背部转向我以后，我立即俯身压在对手身上，同时用左臂从对手左侧腋下抱住对手（图3-355、图3-355附图）。

图3-355

图3-355附图

④ 出于本能的反应，对手这时往往会继续转动身体，这时我立即用右臂从对手右侧腋下抱住对手，两腿分别从内侧钩住对手两腿，完成转换动作（图3-356、图3-356附图）。

图3-356

图3-356附图

## 九、骑乘下位防守拳法攻击的方法

当对手骑在我们身上并用拳攻击时，如果我用手臂进行格挡，那么对手很可能会趁机控制住我的手臂，随即实施降服技术，因此更为安全的防守策略是设法抱住对手，使对手与自己进入贴身的状态。在双方贴身的状态下，对手难以实施有力的拳法攻击，而我则有机会进一步形成缠抱防守的状态，或者设法翻转为地面上位。

① 从我处于骑乘下位的状态开始，对手抬起右臂，准备用右拳攻击我面部（图3-357）。

图 3-357

② 在对手借助体重向下出拳时，我立即收起两腿，同时髋部向上挺起来（图3-358）。这种动作可以干扰对手的重心，使对手向前扑倒。

图 3-358

③ 对手向前扑倒时，会用手臂支撑地面，这时我即可抬起上体，用两臂抱住对手，两手在对手身后扣紧（图 3-359、图 3-360）。之后，就可以根据需要实施后续技术了。

图 3-359

图 3-360

## 十、骑乘下位转为地面上位的方法

在 MMA 比赛中，如果被对手骑在身上，那么我们可以抱住对手某一侧的手臂和腿部，然后挺起髋部，翻转为地面上位。由于运用这种方法的时候需要把髋部挺起来，看上去形似拱桥，因而这种动作被称为"桥"，也可以称其为"桥式翻转"。

通过桥式翻转完成位置转换以后，虽然我们可能会被对手用缠抱防守的方法抱住，但总比被对手骑在身上要好得多。

① 从我处于骑乘下位的状态开始，对手上体压在我身上，我用左臂从对手右侧腋下抱住对手上体，同时用右臂夹住对手左臂（图3-361、图3-361附图）。

图 3-361

图 3-361 附图

② 左脚撑地，髋部挺起来，左臂向右摆动，身体用力向右翻转（图3-362）。为了防止对手用左臂和左腿撑在地面阻止我的翻转动作，我要用右腿压住对手左腿，并用右臂夹紧对手左臂。

图 3-362

③ 身体继续用力翻转，夺取地面上位，把对手压在身下（图 3-363、图 3-364）。

图 3-363

图 3-364

④ 完成位置转换以后，虽然对手会立即进入缠抱防守的状态，但我已经由守势转为攻势，可以考虑使用进攻技术了（图 3-365）。

图 3-365

## 十一、骑乘下位解脱压制的方法

当我们处于骑乘下位的时候，如果能够顺利地运用桥式翻转，就可以夺取地面上位的优势。但这种方法是否成功，取决于我们翻转时的爆发力和对手的压制能力。如果对手用左臂和左腿撑在地面，我们的翻转动作就有可能被阻止。在这种情况下，我们可以考虑通过移动髋部的方法来实现解脱。

① 从我处于骑乘下位的状态开始，对手上体压在我身上，我两臂分别从对手两侧腋下抱住对手上体，两手相互扣紧（图3-366）。

图 3-366

② 身体向右滚转，通过滚转的动作把对手髋部撑起来，使双方身体之间形成一定空隙，同时缩回左腿，为解脱做好准备（图3-367、图3-367附图）。

图 3-367　　　　　　　　　图 3-367 附图

③ 身体弯成弓形，两手分别抵在对手髋部两侧，把对手髋部往我腿部方向推开（图3-368）。

图 3-368

④ 臀部向后缩，把髋部和左腿从对手身体下方解脱出来（图3-369）。

图 3-369

⑤ 左腿解脱出来以后，身体重新转为背部贴地的状态，并用左脚抵在对手右侧髋部（图3-370）。

图 3-370

⑥ 收回右腿，并用右脚抵在对手左侧髋部（图3-371）。完成这个步骤以后，我们就完成了骑乘下位的解脱，可以就此转为缠抱防守的状态。如果场上形势允许的话，甚至可以把对手蹬开，然后立即恢复站立姿势。

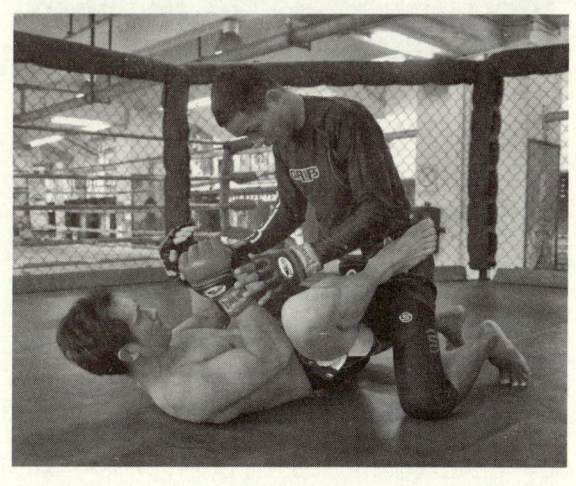

图 3-371

# 第七节 "龟式缠抱"和"龟式防守"状态下的对抗技术

对手面部朝下,用四肢撑地,而我从对手侧面或者身后缠抱对手上体的时候,对手的姿势被称为"龟式防守"。相对而言,我的姿势可以称为"龟式缠抱"(图 3-372)。

图 3-372

形成"龟式缠抱"的时候,我的位置基本上是在对手身后,因而"龟式缠抱"也可以归入广义的背后缠抱。相比典型的背后缠抱,"龟式缠抱"的最明显区别就是实施者两腿没有钩住对手大腿内侧。

当对手处于"龟式防守"的状态时,我们可以用胸部或者前臂压住对手,然后用拳法或者膝法攻击对手,或者可以实施针对颈部的降服技术。不过需要注意的是,"龟式缠抱"的控制效果不及典型的背后缠抱。如果想要获得更好的控制效果,还要设法转为典型的背后缠抱。

## 一、"龟式缠抱"状态下的膝法攻击

在"龟式缠抱"的状态下，为了防止对手逃脱，主流的战术思路是尽快用两臂和两腿缠抱对手，转为典型的背后缠抱，然后通过降服技术结束比赛。但是如果对手身体蜷缩得很紧，肘部和膝部之间没有足够的空间让我们完成手臂和腿部的缠抱动作，那么我们可以先用膝攻击对手头部，转移对手的防守重点，使对手肘部和膝部之间形成足够的空间，然后再转为背后缠抱。而如果是对手因为体力不支才形成"龟式防守"，那么我们就可以依次向对手的上体和头部发动攻击，争取完全击溃对手赢得比赛。

① 以我从对手右侧实施"龟式缠抱"的情况为例，我用左臂抱住对手上体，右手挡在对手头部左侧，右腿向后伸展，为膝击做好准备（图3-373、图3-373附图）。

图 3-373

图 3-373 附图

② 面对可能的攻击，对手的第一反应是用右手保护头部，这样就会暴露出上体右侧。在这种情况下，我们可以抓住时机转换为背后缠抱，或者用右手把对手头部拉近，并用右膝攻击对手右侧肋部（图3-374）。

图 3-374

③ 对手上体右侧受到攻击以后，往往会收回右臂进行保护，同时也暴露出头部，这时我就可以再次向后伸展右腿，准备攻击对手头部（图3-375）。

图 3-375

④ 用右手把对手头部拉近，以便增强打击力度，同时用右膝攻击对手头部（图 3-376）。

图 3-376

## 二、"龟式缠抱"转为背后裸绞的方法

背后裸绞是来自柔术和柔道的一种经典的降服技术，不管对手面部朝上还是面朝地面，我们都可以实施背后裸绞。典型的背后裸绞技术要求我们用两腿钩住对手髋部，弯曲右臂肘关节，从对手下颌下方勒住其颈部，并用右手握住左上臂，左手掌挡在对手后脑，然后收紧两臂，压迫对手颈动脉和气管，迫使对手认输（图 3-377）。

图 3-377

如果动作到位，背后裸绞可以在很短的时间内使对手窒息，所以在练习时需要密切注意训练伙伴的反馈，避免训练伙伴受伤。

在从"龟式缠抱"转为背后缠抱的过程中，如果我们能够控制住对手颈部，那么就可以把背后裸绞的技术与转换动作融为一体，使对手难以防范。

① 以我从对手右侧实施"龟式缠抱"的情况为例，为了防止我把右腿伸进其内围实施背后缠抱，对手使肘部和膝部相互靠拢，但同时也暴露出头部。这时我可以先用左臂抱住对手上体，并用右拳攻击对手头部（图3-378）。

图 3-378

② 头部受到打击以后，对手会转移右手保护头部，使肘部和膝部之间出现空隙（图3-379）。

图 3-379

③ 一旦对手肘部和膝部之间出现足够的空隙，我就立即把右腿伸进对手身体下方，钩住其右侧髋部（图3-380）。

图3-380

④ 我用右腿钩住对手的时候，对手往往会下意识地把右手从头部收回，这样又让我有机会用右臂钩住对手颈部（图3-381）。

图3-381

⑤ 完成右腿和右臂的动作以后，身体向右侧倾倒，把对手翻转到我身体上方（图 3-382、图 3-383）。

图 3-382

图 3-383

⑥ 两腿钩住对手髋部，右臂勒住对手颈部，同时弯曲左臂，用右手握住左上臂，左手掌挡在对手头部，并收紧两臂，形成背后裸绞（图 3-384、图 3-384 附图）。

图 3-384

图 3-384 附图

## 三、"龟式缠抱"转为背后缠抱加拳法攻击

以"龟式缠抱"为基础，如果我们选择转换为骑在对手背上的缠抱姿

势，那么完成转换以后，还可以进一步把对手压成腹部贴地的状态，然后用拳法攻击对手头部。

① 以我从对手右侧实施"龟式缠抱"的情况为例，我们可以先用拳攻击对手头部，使其肘部和膝部之间漏出空隙，然后把右腿伸进对手身体下方，钩住其右侧髋部（图3-385、图3-386）。

图 3-385

图 3-386

② 右腿就位以后，左腿立即从背后跨过对手，并从对手身体下方钩住其左侧髋部，形成背后缠抱的姿势（图3-387、图3-387附图）。

图 3-387

图 3-387 附图

③ 形成背后缠抱的姿势以后，髋部抵在对手背后向前挺，两腿用力向后钩，解除对手膝部的支撑，使对手由跪在地面的姿势转为腹部贴地的姿势（图3-388、图3-388附图）。

图 3-388

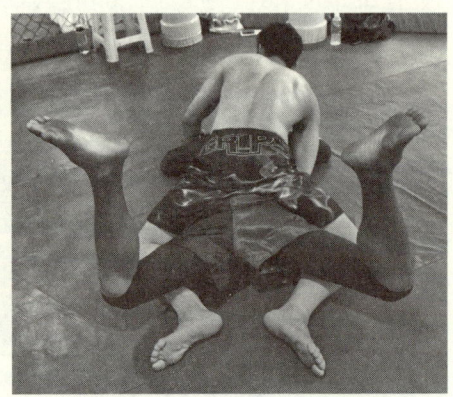

图 3-388 附图

④ 对手在身体正面贴地的情况下难以进行有效的防守，这时我就可以挺起上体，用拳向对手头部侧面发动攻击（图3-389、图3-390）。如果能够保持这种姿势左右开弓地连续打击对手，那么很有可能就此赢得胜利。

图 3-389

图 3-390

## 四、从"龟式防守"恢复站立姿势的方法

在"龟式防守"的状态下,我们很容易遭到对手各种形式的攻击,所以在这种情况下应该尽快恢复站立姿势。

① 以我处于"龟式防守"的状态开始,对手从我左后方实施缠抱,而我两手撑在地面,准备站起来(图3-391、图3-391附图)。

图 3-391

图 3-391 附图

② 因为对手在我左侧,所以我只能先让右脚踏在地面(图3-392)。

图 3-392

③ 右脚支撑身体站起来，左脚跟上右脚的动作，恢复站立。与此同时，两手拇指插进对手两手与我身体之间，准备解除缠抱（图 3-393）。

图 3-393

④ 右脚向前迈出一步，髋部向前挺，同时抓住对手两手往下撑，解除缠抱（图 3-394）。

图 3-394

⑤ 解除缠抱之后，立即沿逆时针方向转体，并调整身体各部位的动作，恢复站立式警戒势（图3-395）。

图 3-395

## 五、从"龟式防守"解脱缠抱的方法

处于"龟式防守"状态时，我们的解脱策略需要根据对手实施缠抱的能力而定。如果对手善于借助体重实施压制，使我不能恢复站立姿势，那么我们可以通过翻转身体的方法转换为地面防守的姿势，从而削弱对手的位置优势。

① 从我处于"龟式防守"的状态开始，对手从我左后方实施缠抱，并借助体重压在我背后，我两手撑在地面，准备转动身体（图3-396、图3-396附图）。

图 3-396

图 3-396 附图

② 因为对手的位置在我左侧，所以我要顺时针转动身体，使左肩先接触地面（图3-397）。

图 3-397

③ 以左肩作为支点，继续转动身体，使臀部从对手身下解脱出来（图3-398）。

图 3-398

④ 我们翻转身体的动作会使对手松开两手，这时就可以调整姿势，使背部贴在地面（图3-399、图3-400）。

图 3-399

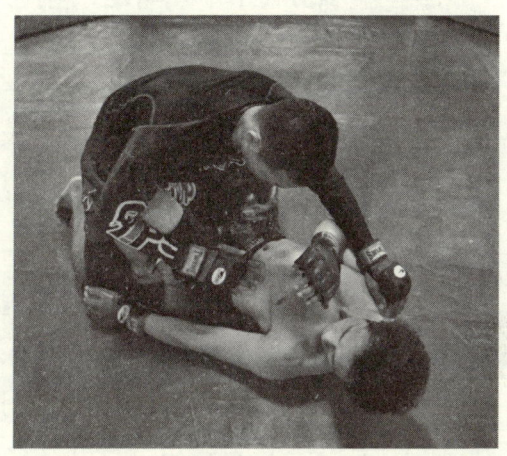
图 3-400

⑤ 抬起两腿，形成地面防守的姿势（图3-401）。完成这个步骤就实现了解脱。如果条件允许的话，可以就此用两腿钩住对手，转为缠抱防守的状态。

图 3-401

## 第八节　背后缠抱状态下的对抗技术

在地面对抗的状态下，衡量某个位置或者姿势是否更具优势的标准，就是看是否更有利于攻击和防守。如果某种位置比我们的当前位置更具优势，就应该设法转换到该位置。

虽然从理论上来说，地面优势位置之间可以相互转换，但从实践来看，不同位置之间的转换效果和难易程度还是有所差异的。关于地面优势位置之间的转换策略，擅长地面技术的巴西柔术家斯蒂芬·凯斯汀（Stephan Kesting）总结出这样几条经验：

经验一，如果处于地面缠抱上位，那么可以设法解脱对手腿部的缠抱，然后转为侧面压制；

经验二，以侧面压制为基础，可以选择转为跪式骑乘或者骑乘姿势，具体需要根据对手的反应而定；

经验三，以跪式骑乘为基础，可以转为骑乘姿势或者直接转换为背后缠抱；

经验四，以骑乘姿势为基础，可以转换为背后缠抱。

以上策略不仅适用于巴西柔术，而且也适用于 MMA 比赛。从这种递进式的位置转换策略中，我们也可以看到，地面缠斗的终极状态即是背后缠抱。

所谓背后缠抱，即一方从另一方背后实施缠抱。典型的背后缠抱姿势要求我们用两臂和两腿从对手背后实施缠抱，并且两腿需要钩住对手大腿内侧。

在 MMA 比赛中，根据对手面部的朝向，背后缠抱可以分为以下几种常见的情况：

① 对手面部朝下，用两肘和两膝支撑身体，而我跨骑在对手背上，

两腿钩住对手大腿内侧，两臂抱住对手上体（图 3-401）。

图 3-402

② 对手面部朝上或者坐在地面，而我从对手背后实施缠抱，两臂抱住对手上体，两腿钩住对手大腿内侧（图 3-403、图 3-404）。

图 3-403

图 3-404

如果能够从背后缠抱住对手，那么不管对手是面部朝下还是面部朝上，我们都可以较为容易地锁绞对手颈部，而对手却看不到我们的技术动作。如果对手设法挣脱背后缠抱，我们可以立即转换为骑乘姿势或者侧面压制的姿势，继续保持优势位置。

## 一、背后缠抱状态下的裸绞

背后裸绞是一项能够用较小的力量制服强壮对手的降服技术。不论对手多么强壮、多么凶猛、意志多么坚强,如果我们成功地对其实施并保持稳固的背后裸绞,那么就会有极大的获胜几率。但尽管如此,由于MMA选手大都会用大量的时间学习降服技术及各种应对方法,所以要想成功地实施背后缠抱,还需要我们懂得如何解除对手的对抗动作。

① 从背后缠抱的状态开始,我坐在对手身后,用两腿钩住对手髋部,而对手用左手保护头部,阻挡我的降服动作。为了解除对手的阻挡,我先用左手抓住对手左手,同时右手从对手右侧腋下穿过,并抓住对手右手腕(图3-405)。

② 身体向右侧倒向地面,左手把对手左臂往左腿方向推,左腿迅速钩住对手左臂(图3-406、图3-407)。

图 3-405

图 3-406

图 3-407

③ 左腿钩住对手左臂之后，左臂转而勒住对手颈部；身体向左侧滚转，右手松开对手右腕，并转移到对手头部右侧；用左手握住右上臂，右掌挡在对手头部后侧，然后收紧两臂，形成背后裸绞（图3-408）。

图 3-408

## 二、背后缠抱状态下的三角绞

三角绞不仅可以在双方面对面的情况下使用，而且也可以在背后缠抱的状态下使用。当我们从对手背后用腿钩住对手的手臂，准备实施背后裸绞时，如果对手试图通过翻转身体的动作来解脱，那么我们可以立即调整策略，转而用腿从背后钩住对手颈部实施三角绞。而如果时机成熟，还可以进一步转换为十字固。

① 从背后缠抱的状态开始，我坐在对手身后，用两腿钩住对手髋部，左手抓住对手左手，右手从对手右侧腋下穿过并抓住对手右手腕（图3-409）。

图 3-409

295

② 身体向右侧倒向地面，左手把对手左臂向左腿部方向推（图3-410）。

图3-410

③ 左腿迅速钩住对手左臂，准备实施背后裸绞（图3-411）。

图3-411

④ 如果对手意识到我们的战术目的，并向右转动身体，试图解脱，那么这时我们可以立即调整策略，把左腿转移到对手肩部（图3-412）。

图3-412

⑤ 左腿勒紧对手颈部，然后用右腿膝关节压住左腿踝关节。右臂钩住对手右臂，准备完成控制动作（图3-413）。需要注意的是，为了防止对手继续转动身体实现解脱，还需要用右脚抵在对手腹部。

图3-413

⑥ 两手把对手右臂掰直并转动上体，使背部贴地，形成三角绞的状态（图3-414、图3-414附图）。

图 3-414

图 3-414 附图

⑦ 形成三角绞的状态以后，如果打算进一步转为十字固，那么我们可以先把左腿从右腿下方转移到对手头部上方（图3-415）。

图 3-415

⑧ 左腿压住对手面部，两手控制住对手右臂，髋部向上挺，形成十字固（图3-416）。

图 3-416

### 三、背后缠抱状态下的十字固

如果对手熟悉背后裸绞的解脱方法，那么从背后缠抱住对手以后，我们可以考虑运用十字固技术来降服对手。

① 从背后缠抱的状态开始，我坐在对手身后，用两腿钩住对手髋部，右手从对手右侧腋下穿过，并抓住对手右手腕（图3-417）。

图 3-417

299

② 左手替换右手抓住对手右手腕，然后再用右手抓住左手腕（图3-418）。

图3-418

③ 左腿从对手前方收回，并抵在对手髋部左侧作为支撑，上体准备向右侧摆动（图3-419）。

图3-419

④ 两手保持抓握的姿势，上体摆动到对手右侧，左臂绕过对手头部，准备实施十字固（图3-420）。

图 3-420

⑤ 背部贴向地面，并调整身体姿势，使双方身体交叉呈直角。右腿压住对手身体，防止对手坐立起来（图3-421）。

图 3-421

⑥ 右腿继续压住对手身体，左腿从对手身体下方移动到对手头部上方（图 3-422）。

图 3-422

⑦ 左腿压住对手头部，两手把对手左臂拉到胸前，两腿膝关节相互靠拢，髋部向上挺，形成十字固（图 3-423）。

图 3-423

## 四、背后裸绞的解脱方法

遭遇背后裸绞的时候，虽然我们的情况将会极为被动，但实施背后裸绞比解脱背后裸绞更消耗体力，如果我们按照正确的步骤来应对这种降服技术，那么仍然有可能解脱出来，甚至转被动为主动。

① 从遭遇背后裸绞的状态开始，对手两腿钩住我髋部，并用右臂勒住我颈部，两臂配合实施背后裸绞（图 3-424、图 3-424 附图）。

图 3-424

图 3-424 附图

② 为了解除背后裸绞，我首先需要用左手把对手左臂从我头部后侧拽开，使对手不能继续利用杠杆作用向我颈部施力（图 3-425、图 3-426）。

图 3-425

图 3-426

303

③ 以左肩作为支点，把对手左臂向下拉直（图3-427、图3-427附图）。

图3-427

图3-427附图

④ 左手继续控制住对手左臂，右手抓住对手右手，头部向左侧扭转，以缓解颈部受到的压迫（图3-428、图3-428附图）。

图3-428

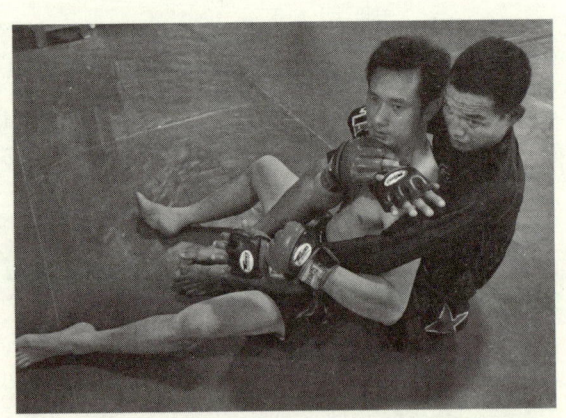

图3-428附图

⑤ 右手把对手右臂从我颈部拉开，左手松开对手左手，准备配合右手把对手右臂撑开（图3-429、图3-429附图）。

图 3-429

图 3-429 附图

⑥ 两手抓住对手右手，把对手右臂向左上方撑开（图3-430、图3-430附图）。

图 3-430

图 3-430 附图

⑦ 两手把对手右臂移动到我左侧，并以左肩作为支点，把对手右臂拉直，防止对手缩回右臂再次实施背后裸绞（图3-431、图3-431附图）。

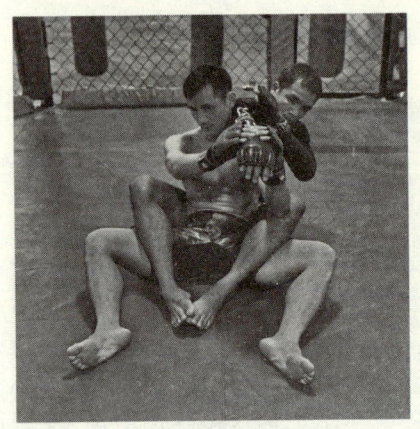

图 3-431

图 3-431 附图

⑧ 两手继续控制住对手右臂，两腿撑地，上体用力向后靠（图3-432、图3-432附图）。

图 3-432

图 3-432 附图

⑨ 右脚撑在地面，头部向后仰，右手转移到对手头部后侧（图 3-433、图 3-433 附图）。

图 3-433

图 3-433 附图

⑩ 右手挡在对手头部后侧作为支点，沿顺时针方向转动身体，使腹部和髋部朝向地面，解除对手腿部的缠抱动作（图 3-434、图 3-434 附图）。

图 3-434

图 3-434 附图

⑪ 左臂从身体下方抽出来,并抱住对手(图 3-435、图 3-435 附图)。完成这个步骤以后,就完成了背后缠抱的解脱,并且形成了压制对手的姿势。

图 3-435

图 3-435 附图

### 五、背后缠抱转为骑乘姿势的方法

虽然实施背后缠抱的时候,我们是处于优势位置的,而且背后缠抱的控制效果也优于其他控制方式,但任何对手都不会因为被从身后抱住就放弃比赛,相反还会努力尝试摆脱控制。

从防守的角度来看,缠抱防守的状态优于被从身后抱住的状态,所以对手往往会尝试通过扭转身体的方法来应对背后缠抱。在对手几乎完成扭转动作的情况下,如果我们一味地试图重新恢复背后缠抱,那么很可能错过继续控制对手的机会,所以更稳妥的策略是立即转换为其他类型的优势姿势,比如骑乘姿势。

① 从背后缠抱的状态开始，我坐在对手身后，用两腿钩住对手髋部，右手把对手右臂勒在其右肩位置，左手从对手左侧腋下穿过，并抓住对手左手腕部（图3-436）。

图 3-436

② 为了摆脱我的控制，对手往左后侧靠向地面，试图以地面作为支撑扭转身体实施缠抱防守（图3-437）。

图 3-437

③ 对手背部接触地面以后，我已经很难恢复背后缠抱，这时可以把身体从对手身下移动到对手右侧，准备转换为骑乘姿势（图3-438、图3-438附图）。

图 3-438

图 3-438 附图

④ 右腿横跨过对手身体，右臂转移到对手头部左侧（图3-439、图3-439附图）。

图 3-439

图 3-439 附图

⑤ 用左肘和左膝作为支撑，使身体移动到对手上方，同时用头部挡住对手右臂（图3-440、图3-440附图）。之所以用头部挡住对手右臂，是为了在完成姿势转换以后直接实施降服技术。

图 3-440

图 3-440 附图

⑥ 右臂从对手头部下方穿过并勒紧，两脚在对手腿部下方收拢，借助体重压制对手，形成贴身骑乘的姿势（图3-441、图3-441附图）。完成这个步骤以后，如果时机成熟，我们就可以直接实施肩固技术来降服对手。

图 3-441

图 3-441 附图

附录

# MMA 统一规则及其他重要规定

　　为了保证体育竞赛的公平，任何体育比赛都会制定相应的规则，MMA 比赛也不例外。即便是最初的"终极格斗冠军赛"，虽然主办方以"无规则、不计分、不计时"作为宣传口号，但同时也规定参赛选手不允许攻击裆部、不允许戳眼睛、不允许牙咬。

　　MMA 竞赛规则的任务，就是确保不同武术流派、不同技术特长的选手之间公平竞技，同时尽可能地保证参赛者的安全。虽然不同的主办方都会制定各自的竞赛规则，但是主体内容大多是相同的，因为各项 MMA 赛事的实质都是一致的。熟悉某项 MMA 赛事规则的选手，也能够很快适应其他 MMA 赛事的规则。

　　目前得到广泛认可的、具有较强代表性的 MMA 规则体系是"MMA 统一规则"。该规则对 MMA 比赛的各个方面都作出了较为详细的规定，具有很强的可操作性。不少 MMA 赛事主办方都直接采用该规则，或者仅对该规则进行少许适应性的调整。客观上，"MMA 统一规则"已经成为 MMA 比赛的标准规则，因此在本章，笔者将《MMA 统一规则及其他重要规定》翻译为中文，以便 MMA 爱好者对照和参考。

# MMA 统一规则及其他规定

## 一、定义

"混合式格斗（Mixed Martial Arts，MMA）"是指依照本"统一规则"及相关委员会颁布的规则和规定，把包括擒拿、降服、踢打在内的各种格斗技术结合在一起进行徒手格斗的运动。

"徒手格斗"是指任何允许实施伤害性打击的徒手对抗比赛。

"徒手格斗选手"是指任何参加徒手格斗比赛的选手。

"委员会"是指对 MMA 比赛、表演等进行监督的运动委员会或者监管机构。

## 二、体重级别

除非经过委员会或其执行主管另行批准，MMA 比赛或者表演的级别和各级别的体重范围应该划分如下：

蝇量级：125 磅及以下（相当于 57 公斤以下）
雏量级：125 磅以上至 135 磅（相当于 57~61 公斤）
羽量级：135 磅以上至 145 磅（相当于 61~66 公斤）
轻量级：145 磅以上至 155 磅（相当于 66~70 公斤）
次中量级：155 磅以上至 170 磅（相当于 70~77 公斤）
中量级：170 磅以上至 185 磅（相当于 77~84 公斤）
次重量级：185 磅以上至 205 磅（相当于 84~93 公斤）
重量级：205 磅以上至 265 磅（相当于 93~120 公斤）

超重量级：265磅以上（相当于120公斤以上）

对于非冠军赛，允许有1磅（约0.454公斤）的体重差别。对于冠军赛，参赛者体重不得超过相关级别允许的范围。

委员会可以根据复查结果批准参赛者体重存在差异的比赛。例如，如果参赛一方体重为264磅（约120公斤），而对手体重为267磅（约121公斤），尽管参赛双方从技术上分属不同体重级别，但如果委员会断定比赛仍然可以公平、安全、有竞争性地进行，那么仍然可以决定批准比赛。

### 三、擂台及设备要求

（一）MMA比赛及表演可以在围绳式擂台或者围笼式擂台中举行。

（二）举行MMA比赛或者表演的围绳式擂台必须符合以下要求：

1. 围绳内侧不得小于20英尺见方（约37平方米），也不得大于32英尺见方（约95平方米）。擂台的一角应该设置蓝方休息区，其正对面的一角必须设置红方休息区。

2. 擂台地板必须延伸出围绳外至少18英寸（约46厘米）。擂台地板必须用闭孔泡棉或者类似材料填充，填充厚度至少1英寸（约2.54厘米）。填充材料必须延伸出围绳外，并且遮盖擂台边缘，表面用帆布或者类似材料铺平拉紧，并固定在擂台上。会聚拢成块状或者会形成褶皱的材料不得用于填充。

3. 擂台不得高过地面4英尺（约1.2米），并且必须设置台阶供徒手格斗选手使用。

4. 擂台四周的角柱必须由金属制成，直径不得超过3英寸（约7.6厘米），从地面延伸到超过擂台地板至少58英寸（约1.47米）的高度，并且必须以委员会认可的适当方式用衬垫适当包裹。擂台角柱必须与擂台绳角相距至少18英寸。

5. 擂台围绳必须设置5条，每条直径不得小于1英寸（约2.54厘米），并且用柔软材料包裹。位置最低的一条围绳必须高过擂台地板至少12英寸（约30.5厘米）。

6. 擂台地板的任何部分不得出现包括三角形物体在内的任何障碍物体或者物件。

（三）举行混合式格斗比赛或者表演的围笼式擂台必须符合以下要求：

1. 擂台必须呈环形或者具备至少6个等边，并且擂台宽度不得小于20英尺（约6.1米），也不得大于32英尺（约9.75米）。

2. 擂台地板必须用闭孔泡棉或者类似材料填充，填充厚度至少1英寸（约2.54厘米），表面用帆布或者类似材料铺平拉紧，并固定在擂台上。会聚拢成块状或者会形成褶皱的材料不得用于填充。

3. 擂台不得高过地面4英尺（约1.2米），并且必须设置台阶供徒手格斗选手使用。

4. 擂台周围角柱必须由金属制成，直径不得超过6英寸（约15.2厘米），从地面延伸到超过擂台地板至少58英寸（约1.47米）的高度，并且必须以委员会认可的方式用衬垫适当包裹。

5. 擂台围栏必须由表面涂有乙烯基涂层的菱形钢丝网之类的材料制成，以防止徒手格斗选手跌出擂台，或者冲破围栏跌在地面或跌向观众。

6. 擂台的一切金属部件必须以委员会认可的方式用衬垫遮盖，以免对徒手格斗选手造成擦伤。

7. 擂台必须设置两个入口。

8. 包围徒手格斗选手比赛区域的围栏不得在任何部分出现任何障碍物。

## 四、凳子

（一）每一名选手都可以使用经委员会认可的休息凳。

（二）选手的每一名助手都可以使用经委员会认可的、数量适当的凳子或者椅子。此类凳子或者椅子应该安放在擂台外侧选手各自的休息角附近以备使用。

(三) 所有使用过的凳子及椅子必须在比赛结束后彻底清洁或者更换。

## 五、用具配备

对于每一场比赛，主办方都应该为参赛各方提供一个清洁的水桶、一个清洁的塑料水瓶，以及委员会要求的其他任何用具。

## 六、护手绷带事项

(一) 在所有体重级别中，选手每一只手使用的绷带都只能是长度不超过 15 码（约 13.7 米）、宽度为 2 英寸（约 5 厘米）的薄纱布料。绷带缠好后用长度不超过 10 英尺（约 3 米）、宽度为 1 英寸（约 2.54 厘米）的医用胶带进行固定。

(二) 医用胶带应该直接固定在手腕上，以保护腕部。胶带可以两次横过手背并覆盖手指关节，从而在握拳时保护手指关节。

(三) 绷带应该平整地缠绕在手部。

(四) 绷带及胶带应该在更衣室内缠绕在选手手上，缠绕绷带时应该有委员会人员以及对手的经纪人或者主要助手在场。

(五) 未得到委员会的批准，任何情况下都不得在选手手上佩戴拳套。

## 七、护齿

(一) 在比赛过程中所有选手都必须佩戴护齿。所用护齿应该经现场医师检查和批准。

(二) 选手护齿不佩戴妥当，比赛不得开始。

(三) 比赛过程中选手护齿意外脱落，场上裁判应该在不影响选手当前动作的情况下及时暂停比赛，让选手清洁护齿，并重新佩戴护齿。

## 八、护具

（一）男性混合式格斗选手应该穿戴经委员会认可的护裆。

（二）女性混合式格斗选手禁止穿戴护裆。

（三）在比赛过程中女性混合式格斗选手应该穿戴护胸。所用护胸应该经委员会认可。

## 九、拳套

（一）所有选手都应该佩戴经委员会认可的重量至少4盎司（约113克）的拳套。通常情况下，未经委员会批准，拳套重量不应超过6盎司（约170克）。某些尺寸较大的拳套，例如2XL至4XL尺码的拳套，尽管重量略微超过6盎司（约170克），但也允许使用。

（二）拳套应该由主办方提供，并且经过委员会批准。选手不得使用自备拳套参赛。

## 十、服装

（一）每一名选手都应该穿着混合式格斗短裤（宽松短裤）、骑行短裤（紧身短裤）、搏击短裤或者经委员会认可的其他短裤。

（二）徒手格斗比赛过程中禁止穿着道服或者衬衫，但经委员会批准的女性选手必须穿着的上装除外。

（三）比赛过程中禁止穿鞋，也禁止在脚上穿戴任何类型的衬垫。

## 十一、仪表

（一）每名选手的外表都必须干净而整洁。

（二）选手的脸上或者身体上不得过度使用润滑剂或者其他任何外用物质。裁判员或者委员会应该要求选手擦除任何过度使用的润滑剂或者其他外用物质。

（三）委员会应该判断选手头部或者面部的毛发是否会对徒手格斗选手自身或其对手的安全造成危害，以及是否会妨碍比赛或者表演的监督和进行。如果徒手格斗选手头部或者面部的毛发会造成此类危害，或者会妨碍比赛或者表演的监督和进行，那么除非会造成此类危害或者潜在妨碍的情形得到纠正，以满足委员会的要求，否则该徒手格斗选手不得参加比赛或者表演。

（四）在比赛或者表演过程中，徒手格斗选手不得佩戴首饰或者其他尖锐物件。

## 十二、回合时限

（一）混合式格斗的非冠军争夺赛每场定为 3 回合，每回合持续时间不超过 5 分钟，回合之间休息 1 分钟。

（二）混合式格斗的冠军争夺赛每场定为 5 回合，每回合持续时间不超过 5 分钟，回合之间休息 1 分钟。

## 十三、比赛停止

（一）场上裁判员是比赛唯一的仲裁者，也是唯一被授权可以停止比赛的个人。场上裁判员可以就是否决定停止比赛征求场边医师和委员会的意见。

（二）除回合休息期间和比赛结束之后，场上裁判员和场边医师是唯一被授权可以在比赛过程中的任何时间进入擂台的个人。

## 十四、比分判定

（一）所有比赛都将由 3 名评判员进行评判和记分，3 名评判员应该分开在擂台周围不同的位置对比赛进行评判。场上裁判员不得成为 3 名评判员之一。

（二）比赛的记分体系是 10 分制。在 10 分制记分体系下，某回合的胜者必须判定得 10 分，输者必须判定得 9 分或者更低分数，但极少数判定为平局（10 比 10）的回合除外。

（三）评判员应该对诸如有效击打、有效缠斗、擂台主动性、有效的进攻和防守等混合式格斗的技术表现进行评判。

（四）评判员应该按照以上第（三）项所列技术出现的顺序，重点对有效击打、有效缠斗、擂台控制能力、有效的进攻和防守等进行记分。

（五）有效击打的判定取决于选手实施合法击打并命中目标的总数。

（六）有效缠斗的判定依据是选手成功实施合法摔法和反制的数量。纳入考虑范围的因素包括选手是否成功运用摔法从站立姿势转为骑乘姿势、是否能够从对手的缠抱防守中解脱出来形成骑乘姿势以及处于地面下位的选手是否能够采取有威胁性的积极防守措施。

（七）擂台主动性的判定取决于选手主导比赛的能力、在擂台中所处的位置和双方的相对位置。纳入考虑范围的因素包括选手遭遇摔法时是否能够继续保持站立姿势并合法地击打对手、是否能够运用摔法迫使对手进行地面对抗、是否能够实施有威胁性的降服技术、是否能够从对手的缠抱防守中解脱出来形成骑乘姿势，以及是否能够创造机会击打对手。

（八）有效的进攻是指向前移动并实施合法击打且命中目标。

（九）有效的防守是指成功地避开对手的击打和摔法，以及实施还击时成功地避免被对手反制。

（十）评判员应该依照以下评分标准对比赛回合作出客观评判：

1. 如果双方选手格斗水平相当，并且双方选手均未在某回合中表现出明显优势，则该回合判定为 10 比 10。

2. 如果一方选手在某回合中取得微弱优势，实施有效地合法击打命中目标的次数更多，缠斗及其他技术的运用强于对手，则该回合判定为 10 比 9。

3. 如果一方选手在某回合中通过击打或者缠斗取得压倒性的优势，则该回合判定为 10 比 8。

4. 如果一方选手在某回合中通过击打或者缠斗取得全面的优势，则该回合判定为 10 比 7。

（十一）评判员应该区分选手站立对抗和地面对抗的时长，并采用浮动比例进行评判，具体如下：

1. 如果混合式格斗选手某回合的多数时间是处于地面对抗状态，那么：

（1）首先对有效的缠斗进行评判；

（2）其次对有效的击打进行评判。

2. 如果混合式格斗选手某回合的多数时间是处于站立对抗状态，那么：

（1）首先对有效的击打进行评判；

（2）其次对有效的缠斗进行评判。

3. 如果某回合结束时选手站立对抗和地面对抗的时长大致均等，那么则对击打和缠斗进行相同比例的评判。

## 十五、犯规行为

（一）下列行为在混合式格斗比赛或者表演中构成犯规，如果选手出现犯规行为，场上裁判员可以对其作出处罚决定：

1. 用头撞击；

2. 任何抠挖对手眼部的行为；

3. 牙咬；

4. 朝对手吐痰；

5. 揪扯对手的头发；

6. 抠挖对手的口部；

7. 任何攻击对手裆部的行为；

8. 用手指伸入对手身体的任何孔窍或者伤口或裂口；

9. 控制对手的小关节；

10. 用肘尖向下砸击对手；

11. 攻击对手的脊骨或者后脑；

12. 用脚跟踢击对手的肾脏部位；

13. 任何攻击对手喉部的行为，包括抠掐对手气管等；

14. 抓挠、掐捏或者拧扭对手的皮肉；

15. 抠抓对手的锁骨；

16. 踢击已倒地对手的头部；

17. 用膝部攻击已倒地对手的头部；

18. 踩踏已倒地的对手；

19. 抓握围栏不放；

20. 拉扯对手的短裤或者拳套；

21. 在擂台中使用侮辱性语言；

22. 用违反体育道德的行为伤害对手；

23. 在回合休息期间攻击对手；

24. 攻击在场上裁判员照管下的对手；

25. 在回合结束铃声响后攻击对手；

26. 各类胆怯行为，包括逃避与对手的接触、故意让护齿掉落或者假装受伤等；

27. 故意将对手抛摔出擂台外；

28. 公然藐视裁判员的指令；

29. 把对手头部或者颈部倒栽至地面；

30. 场边助理人员的干扰行为；

31. 在毛发或者身体上涂抹任何外用物质以获取优势。

（二）选手并发任意多项犯规行为之后，或者出现一次公然犯规行为之后，场上裁判员可以对其作出取消比赛资格的决定。

（三）比赛出现犯规行为，记分员可以从犯规选手的比分中扣分。出现扣分情况之后，将由记分员而非评判员负责计算实际比分。

（四）只有场上裁判员可以对犯规行为进行裁定。如果场上裁判员未作出犯规判定，评判员不得自行作出裁定，并且不应将自行作出的裁定纳入比分计算的考虑范围。

（五）如果出现犯规行为：

1. 场上裁判员应该暂停比赛。
2. 场上裁判员应该命令犯规选手站到中立角。
3. 场上裁判员应该检查遭受犯规一方攻击的选手的健康和安全状况。
4. 如果场上裁判员认为该行为确属犯规，那么应该随即对犯规选手进行犯规裁定并扣分，并且将该犯规行为属于故意还是无意，以及是否作出扣分处罚的决定通报委员会、双方助理人员和记分员。

（六）如果处于地面下位的选手出现犯规行为，除非处于地面上位的选手因此受伤，否则比赛将继续进行，并且：

1. 场上裁判员将口头告知处于地面下位的选手其行为属于犯规。
2. 该回合结束时，场上裁判员将对该犯规行为进行裁定，并通报委员会、双方助理人员、评判员和记分员。
3. 场上裁判员可以基于严重的犯规行为终止比赛。对于此类公然的犯规行为，实施该犯规行为的选手应该被取消比赛资格，从而被判定失败。

（七）出现击打腰部下方的犯规行为时：

1. 只要场边医生认为被击中腰部下方的选手有可能继续比赛，那么该选手允许有最多5分钟的恢复时间。
2. 如果该选手表示可以在5分钟恢复时间届满之前继续比赛，那么场上裁判员应该尽快重启比赛。
3. 如果该选手恢复时间超过5分钟，而比赛仍然不能重启，则该场比赛必须终止，比赛结果由比赛停止时的回合及时间来确定。具体见以下第十六项。

（八）选手遭受击打腰部下方以外的犯规行为时：

1. 如果某场混合式格斗比赛因为意外犯规行为而停止，场上裁判员应该判断遭受犯规行为的徒手格斗选手是否能够继续比赛。如果该徒手格斗选手的获胜机会尚未因遭受犯规行为而受到严重危害，并且犯规行为并未对遭受该犯规行为的徒手格斗选手的头部造成震荡性撞击，那么场上裁判员可以在不超过 5 分钟的恢复时间之后命令比赛或者表演继续进行。分开徒手格斗选手双方以后，场上裁判员应该立即通报委员会的代表人员该犯规行为属于意外。

2. 如果场上裁判员认定一方选手遭受的犯规行为是由违规的击打动作造成，那么场上裁判员应该制止该击打动作，并暂停比赛。场上裁判员可以让场边医生对受伤的选手进行检查，以确定该选手是否能够继续比赛。场边医生有最多 5 分钟的时间作出判断。如果场边医生断定该选手能够继续比赛，那么场上裁判员应该尽快重启比赛。与遭受击打腰部下方的犯规行为不同的是，该选手没有最多 5 分钟的休息时间，并且接到场上裁判员的指令后就必须继续比赛。

3. 对于击打腰部下方以外的犯规行为，如果场上裁判员认定受伤的选手不适合继续比赛，那么场上裁判员必须立即令比赛停止。如果受伤的选手被裁判员认定不适合继续比赛，那么即使遭受犯规行为之后的恢复时间未满 5 分钟，该选手也不能利用剩余时间尝试恢复，并且比赛必须停止。

4. 如果场上裁判员令比赛停止并安排场边医生进行检查，场边医生的检查时间不应超过 5 分钟。如果超过 5 分钟，则比赛不得重启，必须终止。

### 十六、合法击打及犯规行为造成选手受伤时的判罚事项

（一）如果在比赛过程中一方选手使用合法技术造成对手受伤，且受伤程度严重到足以导致比赛终止，那么受伤的选手应该因被技术性击倒而

判定失败。

（二）如果场上裁判员认定在比赛过程中一方选手的故意犯规行为造成对手受伤，且受伤程度严重到足以导致比赛终止，那么犯规的选手应该因此被取消比赛资格而判定失败。

（三）如果场上裁判员认定在比赛过程中一方选手的故意犯规行为造成对手受伤，而比赛允许继续进行，那么场上裁判员应该示意记分员自动从犯规选手的比分中扣除2分。

（四）如果场上裁判员认定在比赛过程中一方选手的故意犯规行为造成对手受伤，导致受伤的选手不能继续比赛，那么如果受伤的选手比分领先，该选手应该以技术性判定而获胜。如果在比赛停止的时候受伤的选手比分与对手持平或者落后，那么该场比赛的结果应该宣告为技术性平局。

（五）如果一方选手向其对手实施犯规行为的时候造成自己受伤，那么场上裁判员不应该采取任何让犯规选手获益的行动，并且应该按照该选手受到合法击打而受伤的情况进行处理。

（六）如果场上裁判员认定在比赛过程中一方选手的意外犯规行为造成对手受伤，且受伤程度严重到足以使场上裁判员令比赛立即停止，那么如果比赛原定3回合但未满2回合就停止，或者原定5回合但未满3回合就停止，则比赛应该判定为无效。

（七）如果场上裁判员认定在比赛过程中一方选手的意外犯规行为造成对手受伤，且受伤程度严重到足以使场上裁判员令比赛立即停止，那么如果原定3回合的比赛已经完成2回合，或者原定5回合的比赛已经完成3回合，则在比赛停止的时候比分领先的选手应该以技术性判定而获胜。

（八）未完成的比赛回合应该按照与其他回合相同的标准进行记分，记分工作应该持续到未完成的回合停止的时间点。

## 十七、比赛结果的类型

（一）认输。

1. 用肢体做出轻拍动作表示认输。

2. 口头表示认输。

（二）击倒。

1. 裁判员令比赛停止（技术性击倒）。

2. 一方选手使用合法技术造成对手受伤，且受伤程度严重到足以导致比赛终止（技术性击倒）。

3. 一方选手由于受到拳法或者腿法打击而失去意识（击倒）。

（三）通过比分判定，包括：

1. 一致判定：3名评判员全部判定同一名选手比分胜出。

2. 非一致性判定：2名评判员判定某一名选手比分胜出，1名评判员判定另一名选手比分胜出。

3. 多数判定：2名评判员判定同一名选手比分胜出，1名评判员判定比赛为平局。

4. 平局判定，包括：

（1）一致判定平局：3名评判员全部判定比赛为平局。

（2）多数判定平局：2名评判员判定比赛为平局。

（3）非一致性判定平局：3名评判员的判定结果均不相同。

（四）取消比赛资格。

（五）弃权。

（六）技术性平局。

（七）技术性判定。

（八）比赛无效。

**译者注：**

第十七项仅对比赛结果的类型进行描述，并非对如何判定比赛结果作出规定。

**图书在版编目(CIP)数据**

MMA 擂台缠斗基础 / 陶飞编著. –北京：人民体育出版社，2018

ISBN 978-7-5009-5165-0

Ⅰ.①M… Ⅱ.①陶… Ⅲ.①格斗–基本知识 Ⅳ.①G852.4

中国版本图书馆 CIP 数据核字(2017)第 122845 号

\*

人民体育出版社出版发行
三河兴达印务有限公司印刷
新 华 书 店 经 销

\*

787×960 16 开本 21.5 印张 291 千字
2018 年 2 月第 1 版 2018 年 2 月第 1 次印刷
印数：1—5,000 册

\*

ISBN 978-7-5009-5165-0
定价：49.00 元

社址：北京市东城区体育馆路 8 号（天坛公园东门）
电话：67151482（发行部） 邮编：100061
传真：67151483 邮购：67118491
网址：www.sportspublish.cn
（购买本社图书，如遇有缺损页可与邮购部联系）